세금 QUICK 퀵 가이드

소득세,
법인세,
부가가치세를
한번에 마스터

유홍관 지음

유영

INTRO

직장생활을 하다 보면 제법 많은 세금 문제를 만납니다. 매달 월급을 받을 때 원천징수가 이뤄지고, 이듬해에 연말정산을 합니다. 세금계산서를 받거나 발행합니다. 출장을 다녀오고 증빙을 첨부해서 결재를 받습니다. 이처럼 세금은 평범한 직장생활 구석구석에 영향을 미치죠. 그래서 세금 공부를 해야 합니다. 세금의 원리를 알면, 하다못해 남들은 놓치는 연말정산 공제 항목을 하나라도 더 적용받을 수 있습니다.

특히 요즘은 더더욱 세금을 공부해야 합니다. 세금을 모르면 위험해질 수도 있습니다. 보통 집을 팔기 전에 세금을 검토하시죠? 비과세를 받을 수 있는지, 혹시라도 중과세 대상은 아닌지 꼼꼼하게 살펴보실 겁니다. 세금이 너무나도 무섭고 크니까요. 직장인으로서 적용받는 세금도 그렇습니다. 갈수록 더 무서워지고 있죠. 회사 업무는 나만 잘한다고 해결되지 않습니다. 거래 상대방이 있고, 내부 검증 시스템도 있습니다. 많은 회사가 이전과는 다르게 엄격한 규정을 적용하고 있습니다. 결재를 받기 위해서 준비했던 서류들을 떠올려보면 쉽게 공감이 되실 겁니다.

그런데 막상 공부를 시작하면 세법은 너무나 어렵습니다. 양도 어마어마하죠. 빡빡한 페이지에 어려운 용어로 가득 찬 책들은 학습 의욕을 꺾기에 충분합니다. 필요성을 느끼고 시작했다가 얼마 안 가 포기하는 사람이 많은 것도 바로 그 때문입니다.

세금, 꼭 어렵기만 한 걸까요? 그렇지 않습니다. 이 분야 전문가로서 일하겠다는 사람이 아닌 이상, 모든 걸 알 필요는 없습니다.

저는 오랫동안 회계사로 일하면서 강의를 할 기회가 많았습니다. 다행히도 많은 분들이 좋아해주셨고 누구의 설명보다 귀에 쏙쏙 들어온다는 평을 들었습니다. 핵심적인 개념들이 쉽게 이해됐고, 국세청의 공격 포인트를 확실히 알게 됐으며, 강의에서 배운 방법으로 훌륭히 방어할 수 있었다고 평가해주셨습니다. 짧아서 좋다는 피드백도 상당히 많았습니다.

지금부터 꼭 알아야 할 세금 이야기를 쉽고, 분명하고, 짧게 설명해보겠습니다.

그럼, 시작해볼까요?

CONTENTS

PART 4
어렵지만 중요한 법인세

━━━━━ >>>>>>>

PART 5
자주 쓰이고 날마다 발생하는 부가가치세

부록

연말정산
되는 것,
안 되는 것!
————>)))))))

시작하기 전에

QUICK GUIDE

QUICK GUIDE

법인세, 소득세

법인이 사업을 통해서 돈을 벌면 소득이 생깁니다. 법인의 소득을 기준으로 납부하는 세금이 법인(소득)세입니다

한편 개인도 돈을 벌 수 있습니다. 개인이 번 돈은 개인의 소득이죠. 예를 들어 법인에 용역을 제공하고 돈을 받았다면 개인의 소득이 되고, 국세청에 (개인)소득세를 신고해야 합니다.

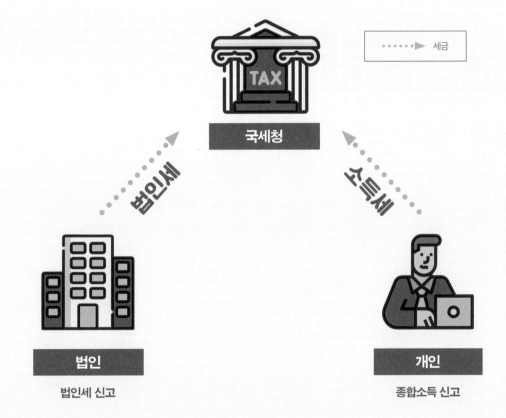

세금

국세청

법인세

소득세

법인

법인세 신고

개인

종합소득 신고

원천징수, 연말정산

개인이 근로자라면 회사에서 매월 월급을 받게 됩니다. 법인은 근로자에게 지급한 급여를 비용으로 처리합니다. 국세청은 회사에 근로자가 얻은 소득에 대해서 내야 할 세금을 미리 징수하도록 강제하는데, 이를 '원천징수'라고 합니다.

개인이 낸 세금과 낼 세금을 1년에 한 번 정산하여 추가 납부할 금액이 있으면 추가로 징수하고 돌려줄 돈이 있으면 환급해줍니다. 이를 '연말정산'이라고 합니다.

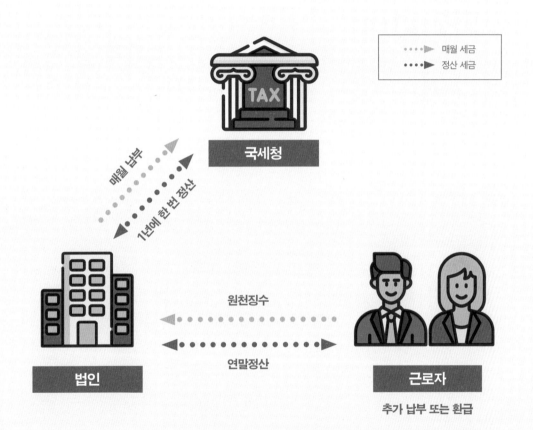

매월 세금

정산 세금

국세청

매월 납부

1년에 한 번 정산

원천징수

연말정산

법인

근로자

추가 납부 또는 환급

QUICK GUIDE

부가가치세

사업자 A가 소비자에게 재화 또는 용역을 공급하면, 국가는 A에게 공급한 가액의 10%를 세액으로 납부할 것을 요청합니다. 예를 들어 1만 원어치 재화를 소비자에게 공급한 사업자는 물건값 1만 원에 부가가치세 1,000원을 포함하여 소비자에게 1만 1,000원을 받아야 합니다.

한편 사업자 A가 공급자 B에게 재화 또는 용역을 구입했다면, 사업자 A는 일부의 부가가치세액을 이미 부담한 것입니다. 예를 들어 5,000원인 재화를 구매했다면 실제로는 부가가치세를 포함해서 5,500원을 공급자 B에게 지급했을 것입니다.

결과적으로 사업자 A는 공급자 B에게 재화 또는 용역을 구입하면서 500원의 부가가치세액을 지급했고, 이를 소비자에게 공급하면서 1,000원의 부가가치세액을 받은 셈이죠. 이럴 경우 국세청은 소비자로부터 받은 매출세액 1,000원에서 공급자 B에게 지급한 매입세액 500원을 차감한 500원을 국세청에 내도록 규정하고 있습니다. 이때는 세금을 냈다는 증빙이 필요하죠. 그래서 사업자 A는 공급자 B에게 세금계산서를 발행받아 증빙으로 활용합니다.

물론 공급자 B도 사업자 A에게 받은 500원의 세금을 국세청에 납부했을 것입니다.

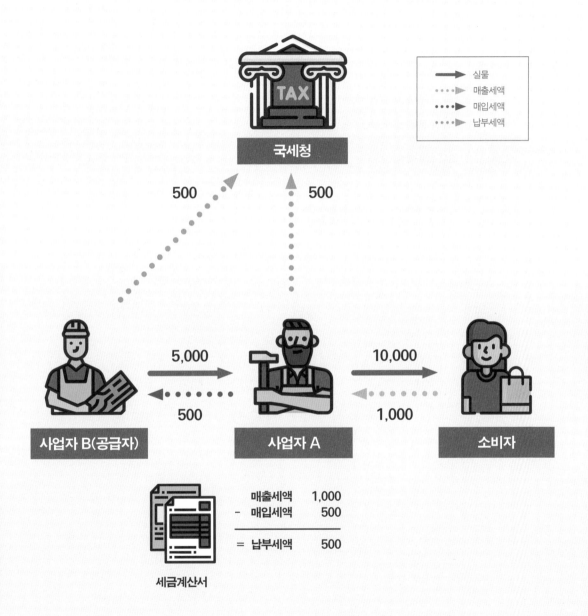

→	실물	
┅▶	매출세액	
┅▶	매입세액	
┅▶	납부세액	

국세청

TAX

500 ◀┅ 500

5,000 → 10,000 →
사업자 B(공급자) ◀┅ 500 사업자 A ◀┅ 1,000 소비자

	매출세액	1,000
-	매입세액	500
=	납부세액	500

세금계산서

사법 · 행정 · 입법

법은 행정부에서 초안을 만들어 국회에 보고합니다. 토론과 협의를 거쳐서 일부는 수정되고 새 법이 만들어지죠. 대통령과 주무장관은 그 법에 어긋나지 않는 범위 내에서 위임을 받아 명령을 내릴 수 있습니다. 이 법과 명령(시행령, 시행규칙)이 바로 세금을 부과하는 데 기준이 됩니다.

결국 행정부를 지배하는 대통령이 누구이고 법을 통과시킬 수 있는 다수당이 어디인지에 따라서 세금은 큰 변화를 겪을 수밖에 없습니다.

국세청은 이 법에 따라 법을 집행하고 적용 방식을 해석하는 부서입니다. 이의가 있는 납세자는 행정심판을 거쳐서 법원에 갈 수 있으며, 이곳에서 최종적인 판단을 받게 됩니다.

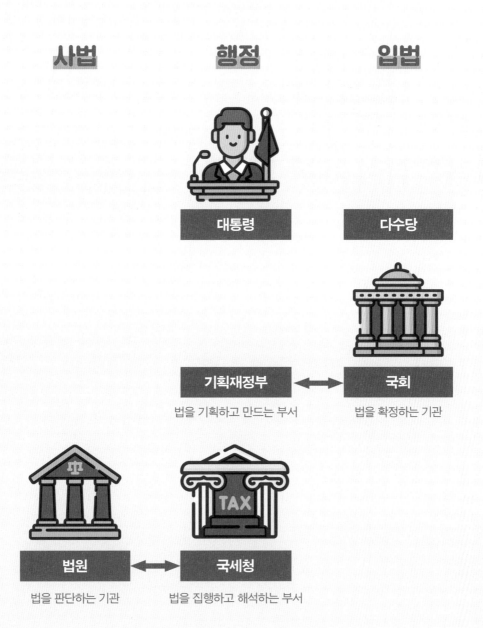

사법　　　　행정　　　　입법

대통령　　　　　다수당

기획재정부 ↔ 국회

법을 기획하고 만드는 부서　　　법을 확정하는 기관

법원 ↔ 국세청

법을 판단하는 기관　　　법을 집행하고 해석하는 부서

나를 위한 세금 공부

세금을 공부하는 것은 자신을 위해서입니다.

모든 국민은 버는 돈이 적더라도 매월 국가에 세금을 내야 하고, 돈을 잘 벌수록 세금 부담도 늘어나게 됩니다. 공격만큼 수비도 중요합니다. 수비를 잘하는 방법 중 하나가 절세인데요. 절세를 하려면 세금의 틀을 이해해야 합니다.

우리는 모두 수익을 창출하기 위해 애를 쓰고 있습니다. 'N잡'을 뛰고 '부캐'를 키우면서 힘들게 살아갑니다. 하지만 힘들게 수익을 창출해도 그 수익을 지키기는 쉽지 않습니다. 힘들게 키운 사업이 세금 문제로 휘청이는 일은 주위에서도 흔히 볼 수 있죠. 세금 모르고 사업에 뛰어들면 망하기 딱 좋습니다.

직장인은 다를까요? 우리가 몸담고 있는 회사는 안전한 정박지가 아닙니다. 날마다 치열하게 싸워야 하는 전쟁터입니다. 작은 실수가 큰 손실로 이어질 수도 있고, 무엇보다 내가 하는 일이 조직 내외부의 사람들에게 영향을 미칩니다. 조직 내에서 살아남고 나아가 성장하려면, 세금을 반드시 알아야 합니다.

근로자

연봉을 올리는 것만큼
절세도 중요하다.

법인

회사를 성장시키려면
세금 문제를
현명히 다뤄야 한다.

개인사업자

세금 모르고 사업 시작하면
망하기 딱 좋다.

세상이
바뀌었다!

세금을 공부해야 한다!

PART 1

세금을
공부해야 하는
이유

세상이 바뀌면 법도 바뀐다

세금은 법에 의해서 부과됩니다. 법은 우리가 투표로 선출한 국회의원이 만들죠. 그 법에서 위임한 내용에 대해 대통령과 장관이 내린 명령인 시행령과 시행규칙이 세금 부과의 기준입니다. 따라서 법은 사회적 합의이며, 대통령과 장관으로 대표되는 행정부의 방침이 반영됩니다. 국회의원의 과반을 차지하는 당이나 대통령이 바뀌면 사회에 변화가 일어납니다. 큰 변화는 법의 변화로 이어지고, 그중에서도 세법의 변화는 우리에게 직접적인 영향을 줍니다.

세상이 많이 바뀌었습니다. 앞으로 법도 더 바뀔 것이고 우리에게 큰 영향을 줄 것이 분명합니다. 그런데 우리는 시간이 지나고 나서야 그 법의 의미를 깨닫습니다. 미리 알았더라면 좋았을 텐데, 법을 잘 알지 못해 안타까운 일들을 많이 겪었습니다. 다시는 반복하고 싶지 않아 공부를 하고 싶지만 법이라는 말만 들어도 머리가 지끈거리고, 특히 세법은 더 복잡하게 느껴져 시작하기도 쉽지 않았습니다.

그런데 놀랍게도, 우리 모두가 그 복잡한 세법에 따라 세금을 내면서 살고 있습니다. 월급날이 되면 전액을 받는 게 아니라 일부를 공제했다가 나중에 연말정산이라는 절차로 돌려받는다는 사실을 압니다. 물론 추가로 내야 할 수도 있다는 사실 역시 알죠. 또 새로운 세법이 생겨서 종전에 못 받던 공제를 받게 되면 많은 이들이 좋아합니다.

사실 세법은 어렵지 않습니다. 1세대 1주택이면 세제상의 혜택이 있다는 것과 아이를 낳으면 소득세가 줄어든다는 것을 모르는 사람은 없을 겁니다. 이런 규정은 왜 생겨났을까요?

세법을 딱딱한 법 규정으로만 여기지 않고, 내 세금을 어떻게 계산했는지 법을 만든 기재부 서기관이나 법을 통과시킨 의원들의 설명을 들어보면 이해하기 쉽습니다. 1세대 1주택에 세제상 혜택을 부여한 이유는 한 가족이 1채의 집을 가지고 있는데 양도차익에 대해 세금을 과도하게 부과하면 이사할 때 저번 집보다 못한 집으로 갈 수밖에 없기 때문입니다. 국민의 삶의 질 향상에 역행하게 되죠. 그리고 다자녀에 대한 혜택은 출산을 장려하고 증가한 생활비를 보조해주기 위해서입니다. '아들딸 구별 말고 둘만 낳아 잘 키우자' 같은 표어가 휘날리던 몇십 년 전 같으면 이런 법 규정이 존재할 리 없겠죠. 사회의 변화가 법의 변화를 이끈 것입니다.

이 책은 두 가지 목표를 위해서 쓰였습니다.
첫째는 개념 정리이고, 둘째는 위험 대비입니다.

정치지형의 변화는 사회의 변화로 이어집니다.

사회의 큰 변화는 법의 변화로 이어지고,

그중에서도 세법의 변화는

우리에게 직접적인 영향을 줍니다.

개념만 알아도 삶이 편해진다

실생활에 자주 쓰이는 세금 문제와 달리, 회사에서 세금 문제를 접하면 일단 겁부터 납니다. 여러 가지가 요구되고 따라야 할 절차도 엄격한데 과연 내가 적절하게 대응하는 것인지, 혹시라도 억울한 일을 당하고 있는 것은 아닌지 의심이 들 때가 많습니다.

거래처에 감사한 마음을 담아서 상품권 한 장을 보냈는데 재무팀에서 법인카드로 결제를 했는지, 누구에게 왜 주었는지 등을 꼬치꼬치 물어보면 불쾌해지기도 하죠. 이미 위에서 승인을 받았고 필요한 금액이라는 점도 인정받았는데, 재무팀은 구태여 증빙을 요구합니다. 뭐라고 항변하고 싶지만 세무상으로 안 된다는 한마디에 제대로 대꾸 한번 못 하고 답답함을 느끼게 됩니다.

이런 순간을 맞이하는 건 개별적이고 파편적인 지식으로는 가늠할 수 없는 큰 그림을 내가 모르고 있기 때문입니다. 바다 건너편에 신대륙이 있다는 걸 모르고 무작정 항해하던 개척자들처럼 막막함을 느끼는 겁니다. 그럴 때는 지도 한 장을 가져다가 대서양을 가로지르면 신대륙이 나온다는 사실을 배워야겠지요.

사실 세금은 큰 뼈대를 잡는 데 많은 시간이 필요하지 않고, 세무 업무를 주로 하지 않는 일반 직장인이라면 알아야 할 세금도 그렇게 많지 않습니다. 구체적인 사례를 함께 접한다면 더욱 쉽게 이해할 수 있을 것입니다.

위험은 미리 차단한다

누군가가 나에게 돈을 벌 수 있는 정보를 제공해준다면 정말 고마운 일입니다. 그런데 어떤 사람이 내 아이에게서 큰 병의 징후를 발견해 경고해준다면 어떨까요? 아마 그를 평생의 은인으로 모실 것입니다.

직장생활에서 세금은 위험 요소입니다. 잘하면 본전인 데 비해, 잘못하면 엄청난 손실을 가져올 수 있습니다. 거래에서 흔히 발행하는 세금계산서의 경우 날짜만 잘못 기재해도 거래 금액의 1~2%에 해당하는 금액을 가산세로 물어야 합니다. 예를 들어 제조 업체는 이익률이 3~5%만 되어도 제법 괜찮은 편이라고 여겨지는데, 아무 생각 없이 발행한 세금계산서 때문에 힘들게 번 돈을 몽땅 세금으로 내야 할 수도 있습니다.

하지만 어떤 부분이 위험한지 살펴보려고 해도 범위가 너무 넓어서 포기하기 십상입니다. 그래서 이 책에서는 회사에서 자주 발생하는 세무상의 리스크를 살펴보고, 이를 피하기 위해 해야 하는 일을 짚어보려고 합니다.

개념

주의 사항

첫째,
사회생활에 필요한
세금 지식을
쉬운 이야기로
정리해드리는 것입니다.

둘째,
회사에서 발생할 수 있는
조세 리스크에
대비할 수 있도록
도와드리는 것입니다.

세금이 어려운 이유 1

의식하지 못한 일들이 문제가 되기 때문

직장인은 본업만으로도 충분히 괴롭고 힘듭니다. 그런데 본업 외에도 기한을 맞추어서 서류를 제출하고 승인을 받고 보완을 해야 하는 등의 여러 가지 행정 업무가 의외로 많습니다. 누구나 출장을 가야 하고, 식사를 대접하면서 공금을 써야 하며, 증빙을 제출하고, 승인을 받고, 지시가 내려오면 협의를 합니다. 어떤 이는 사표를 쓰고, 어떤 이는 투잡을 뛰며, 어떤 이는 주식을 팔고, 배당을 받고, 집을 팝니다.

이 모든 일에 세금이라고 하는 녀석이 붙어 있습니다. 우리가 움직이는 대부분 상황에 지겹도록 딱 들러붙어서 문제를 일으킵니다. 벤저민 프랭클린은 "사람이 태어나서 절대 피할 수 없는 두 가지가 죽음과 세금이다"라고 말했죠. 반은 맞고 반은 틀립니다. 세금은 죽어서도 내야 하니까요.

재미 삼아 시작한 유튜브에서 수익이 발생하자마자 국세청에서 세무신고를 제대로 하지 않았다고 조사통보서가 올 수도 있고, 습관적으로 받은 세금계산서의 사업자등록번호가 잘못되었다고 매입세액이 공제되지 않을 수도 있으며, 경비로 인정되어서 그동안 문제가 없던 항목을 국세청이 갑자기 문제 삼을 수도 있습니다.

그나마 회사에서는 내라는 서류만 제때 내면 전문 부서나 외부 전문가의 도움을 받아서 큰 문제 없이 해결할 수 있지만, 개인의 경우에는 적절하게 대응하지 못하면 엄청난 세금이 부과돼 큰 곤란을 겪을 수도 있습니다. 비과세가 되는 줄 알고 집을 팔았는데 그사이에 세법이 개정되어서 과세 대상이 된다면 얼마나 황망하겠습니까.

일상이
세금

회사라고
안심할 수는
없습니다.

예를 들어보겠습니다. 회사에서 임직원 골프대회를 열었습니다. 법인카드로 결제하고 승인까지 받아서 정상적으로 종결된 사안이었습니다. 내부감사 때나 외부감사 때도 전혀 문제가 되지 않았고요. 그런데 국세청이 세무조사를 하면서 이를 업무상 경비로 볼 수 없다며 법인세를 부과했고, 대회에 참여한 개인들도 혜택을 본 것으로 간주해 추가로 소득세를 부과했습니다(서면2팀-1259, 2005.08.03).

그렇다면 세법상 문제가 된 비용이 어떻게 회계에서는 문제가 안 되었을까요? 그리고 똑같은 체육 활동임에도 족구대회는 왜 문제가 되지 않을까요? 기준이 무엇인지 정말 헷갈립니다.

세금이 어려운 이유 2

여러 이해관계자에게 동시에 문제를 일으키기 때문

세금이 어려운 두 번째 이유는 여러 가지 문제가 고구마 줄기처럼 줄줄이 엮이기 때문입니다.

국세청은 회사가 버는 돈에 대해 법인세를 부과합니다. 세무조사에서 회사의 골프대회 경비를 세무상 인정되지 않는 경비로 판단했다면 법인의 세금이 증가할 것입니다.

그런데 여기서 한 가지 일이 더 파생됩니다. 국세청이 이 과정에서 개인이 이익을 봤다고 판단한다면, 이익을 본 개인에게도 추가로 소득세를 부과할 수 있다는 것입니다. 하나의 세금도 복잡한 마당에 이처럼 연관되는 세금이 계속 나타난다면 누가 쉽게 이해할 수 있을까요?

백번 양보해서 우리 회사 내의 문제만 얽혀 있다면 그나마 낫습니다. 그런데 나의 소득은 상대방의 경비이고, 나의 매입은 상대방의 매출인 경우가 대부분입니다. 매출을 하는 사람은 누락하고 싶어 하고 매입을 하는 사람은 모두 경비로 처리하고 싶어 하죠. 상대방이 있는 거래에서는 처리 문제를 혼자 결정하지 못하고 상대방의 의견을 따라야 하는 경우도 많습니다. 세금계산서 날짜를 바꿔달라거나 금액을 조정해달라는 등의 요청이 오기도 하죠. 이럴 때 많은 사람이 고민에 빠집니다. 요청에 따라 업무를 했다가 세금 문제가 생기면 참 난감한 상황이 되니까요.

거래처

부가가치세

매입세액 불공제, 가산세

임직원

우리 회사

소득세

상여 간주

법인세

경비 불인정

세금이 어려운 이유 3

징수에 별도의 논리가 작동하기 때문

회계 부서는 회사의 돈이 제대로 나갔는지 확인하는 절차를 세워두고 있습니다. 기안 과정이 적절했는지, 적절한 권한을 가진 사람이 승인했는지 등등을 살펴봅니다. 회사에서 골프대회가 필요하다고 판단한 경우, 부서장이 승인했고 법인카드로 제대로 결제해서 증빙을 갖췄다면 내부에서 문제가 될 것은 없습니다.

외부의 회계감사는 회사가 제시한 수치가 회계기준에 따라 제대로 작성되었는지를 검증하는 것입니다. 따라서 승인을 받았고 증빙을 갖춘 거래라면 문제 삼기 어렵습니다.

그런데 세금은 목적이 전혀 다릅니다. 정부는 세금을 거둘 때의 기준을 가지고 있습니다. 돈을 썼고 승인을 받았고 증빙을 갖추었다는 것만으로 모두 비용으로 인정하고 세금을 깎아줄 수는 없는 노릇입니다. 예를 들어 승인을 받았고 증빙도 갖추었지만, 거래처 담당자가 뇌물을 달라고 해서 상품권을 사서 주었을 수도 있으니까요.

이러니 직장인 입장에서는 답답할 수밖에 없습니다. 재무팀에서 하라는 대로 했는데도 문제가 될 수 있다니, 세법을 모두 공부할 수도 없고 막막하기만 하죠.

앞의 사례에서 국세청은 골프대회는 문제 삼았지만 그 회사에서 족구대회를 열었다면 이때의 경비는 그러지 않을 것 같습니다. 작은 공은 안 되고 큰 공만 되는 겁니까? 그럼 작은 공을 라켓으로 치는 탁구는 어떨까요?

직장 내 임직원을 위한 체육 활동이라는 공통점이 있는데도 어떤 것은 문제가 되고 어떤 것은 문제가 되지 않습니다. 객관적인 기준이 없는 것으로 보여서 세금이 어렵게 느껴집니다.

물론 우리는 직관적으로 알고 있습니다. 국세청 입장에서 골프대회는 돈이 되는 항목입니다. 4명 한 팀만 경기를 해도 금액이 상당한데 여러 팀이 여러 번 지출을 했다면 국세청으로서는 더 꼼꼼히 들여다볼 수밖에 없는 사안일 것입니다. 그렇다고 국세청이 돈 되는 항목에만 시비 건다고 주장할 수는 없는 일이니 세법이 난제이기는 합니다.

불인정

인정

인정

꼭 알아야 할 필수 세금 3

복잡한 세금을 공부하는 가장 쉬운 방법은 큰 흐름을 먼저 잡고 그중 가장 문제가 되는 항목들 위주로 살펴보는 것입니다. 몸이 아플 때 병원을 찾아가죠? 허리가 아프면 정형외과로, 감기가 심하면 이비인후과로, 속이 메스꺼우면 내과로 갑니다. 병원에는 여러 종류가 있지만 일반적으로 가는 곳이 몇 군데 안 되는 것처럼, 직장인으로서 알아야 할 세금도 몇 가지 안 됩니다. 그중에서 소득세, 법인세, 부가가치세만 알아도 충분하다고 생각합니다.

제가 세금 징수자라면 일단 개인에게 세금을 거둘 겁니다. 버는 돈을 신고하게 하고 소득에 대해 세금을 부과하면 되니 가장 간단하니까요. 이것이 (개인)소득세입니다.

다음으로는 회사를 볼 겁니다. 회사도 개인과 마찬가지로 계약도 체결할 수 있고, 부동산도 소유할 수 있습니다. 그러니 개인과 동일하게 법인이 번 돈인 소득에 대해서도 당연히 세금을 부과해야지요. 이것이 법인(소득)세입니다.

하지만 소득을 기준으로 세금을 부과하는 데는 이런저런 한계가 있습니다. 조세 저항도 무시할 수 없죠. 만약 당신이 수억 원의 세금을 내야 하는 의사라면 기분이 좋겠습니까? 그런데 물건값에 세금을 녹인다면 이야기가 달라집니다. 자동차를 운행하면서 휘발유를 넣지 않을 수는 없습니다. 어차피 쓸 수밖에 없는 물건에 미리 세금을 부과하면 상대적으로 적은 저항을 받으며 세금을 거둘 수 있습니다. 심지어 사람들은 세금이 상당 부분 포함되어 있다는 것을 알면서도 크게 문제 삼지 않습니다. 이런 세금을 '간접세'라고 하는데, 대표적인 것이 물건을 소비할 때 내는 부가가치세입니다.

세 가지 세금의 큰 골격을 살펴봤으니 세부적인 내용을 차례차례 알아보겠습니다. 그 전에 우선 조세의 정의와 탈세, 절세에 대해 생각해볼까요?

소득세

법인세

부가가치세

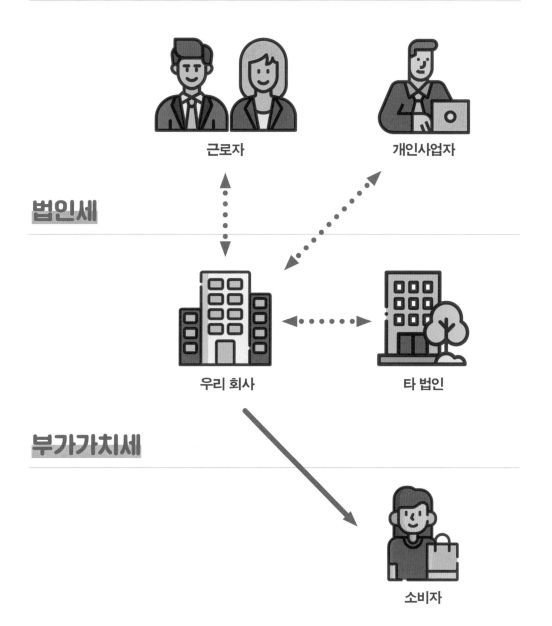

근로자

개인사업자

우리 회사

타 법인

소비자

PART 2

세금 공부를
시작하기 전에
알아야 할 것

조세의 정의

세금이라는 단어를 들으면 어떤 느낌이 드십니까? 그냥 느낌이요. 구글 검색창에 'tax'를 입력해봤더니 가장 먼저 검색된 이미지가 사람을 거꾸로 매달고 탈탈 터는 그림이더군요. 세금에 대해 대다수가 그렇게 생각하는 듯합니다. 안 내도 될 것을 강제로 뜯긴다는 느낌이죠. 어딘가 억울하고 화도 나게 되고요.

먼저, 간단하게 조세를 정의해보겠습니다.

[징수 주체] 국가 지자체

세금은 누가 거두어 갑니까? 나라에서 거두어 갑니다. 당신이 거주하시는 행정구역에는 ○○세무서라는 곳이 있을 겁니다. ○○구청 또는 ○○시청도 있겠죠. 세금은 이 두 군데에서 거두어 갑니다. 세무서를 통해서 거두어 가는 세금을 '국세'라고 하고, 지방자치단체를 통해서 거두어 가는 세금을 '지방세'라고 합니다.

굳이 이런 것까지 알 필요가 있을까 하는 생각이 드시죠? 그런데 알아두면 꽤 쓸모 있는 상식에 속합니다. 예를 들어 재산세에 불만이 있으면 어디로 가야 할까요? 세무서가 아니라 지방자치단체를 찾아가야 합니다. 사는 지역에 따라 세금이 다를 수 있다고 이야기하면 깜짝 놀라는 분들이 많은데, 실제로 그렇습니다. 지방자치단체는 지방의회를 두고 있고, 지방의회 의원들은 지방세에 대한 조례를 가지고 있습니다. 예전에 강남에 있는 아파트가 강북에 있는 아파트보다 재산세가 적게 나와서 언론에서 크게 다룬 적이 있습니다. 강남의 아파트는 작긴 해도 매우 비쌌고, 강북의 아파트는 넓긴 해도 상대적으로 쌌거든요. 하지만 아파트에 대한 세금이 전국적으로 똑같이 매겨지는 것이 아니라 구별로 달랐기 때문에 그런 일이 발생한 것입니다.

'세금에는 국세와 지방세가 있다. 지방세는 다루는 사람이 다른 만큼 규정도 다를 수 있다.' 이 두 가지를 기억해두시면 되겠습니다.

[징수 목적] 재정

세금은 왜 거둘까요? 나라나 지자체를 운영하는 데 돈이 필요하기 때문입니다.

[징수 방법]   과세요건

세금은 '법률에서 정한 과세요건을 충족하는 자에게 직접적인 반대급부 없이 부과하는 금전 급부'입니다. 말이 상당히 어렵죠? 쉽게 말하면 법에서 정하는 규정에만 부합하면 내가 돈을 벌었든 못 벌었든, 동의하든 동의하지 않든 무조건 내야 하는 것이 세금이라는 뜻입니다.

여기서 반대급부란 무엇일까요? 예를 들어 손목시계를 당근마켓에서 팔고 3만 원을 받았다면, 이 3만 원이 반대급부입니다. 내가 무언가를 주고 상대에게 받은 대가죠. 안타깝게도 세금에는 반대급부가 없습니다. 국가가 해준 게 없어도, 심지어는 방해를 했어도 법률에서 정한 요건에만 부합하면 세금을 내야 합니다. 토지가 국가에 강제로 수용되어도 양도소득세는 내야 한다고 말하면 안 믿는 분도 계시더군요.

이를 다른 관점으로 볼 수도 있습니다. 즉, 아무리 돈을 많이 벌었어도 법률에 과세 대상으로 열거되어 있지 않으면 세금을 내지 않습니다. 소액주주인 개인이 증권시장에서 주식을 팔아 돈을 벌어도 대부분은 세금을 내지 않습니다. 법률에서 과세 대상으로 열거하고 있지 않기 때문입니다. 벌어들인 돈이 통장에 엄연히 찍혀 있는데도 국가에서 세금을 부과하지 않습니다. 이게 세금입니다.

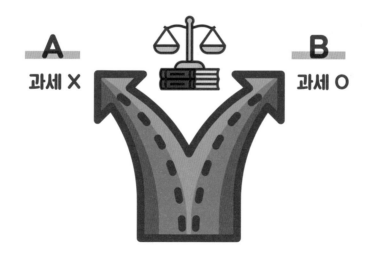

아인슈타인도 어려워했던 세금

"전 우주에서 가장 이해하기 어려운 것 가운데 하나가 'tax'다."

아인슈타인이 한 말로 알려져 있습니다. 아인슈타인이 (우리로 따지면) 종합소득세 신고를 하러 회계법인에 갔는데 담당 직원이 신고를 위해서 이런저런 서류들을 정리하는 것을 보고 어떻게 이토록 어려운 일을 하는지 대단하다고 말했다고 합니다. 직원이 "당신 같은 천재 과학자가 이렇게 간단한 세금을 어려워하다니요?"라고 의아해하자, "세금은 전 우주에서 가장 이해하기 힘든 것 가운데 하나입니다"라고 말했다죠.

정말 그랬는지 어떤지는 알 수 없으나 이런 이야기가 오랫동안 회자된 데에는 이유가 있을 것입니다. 왜 아인슈타인은 세금이 어렵다고 했을까요?

정답은 모르겠지만 제 추정은 이렇습니다. 아인슈타인은 과학자입니다. 과학의 세계에서는 '1 + 1'이 반드시 2가 되어야 합니다. 그렇지만 세법의 세계에서는 '1 + 1'이 3도 되고 1도 됩니다. 과학자로서 이런 상황을 이해하려고 여러 시도를 했지만 이해가 안 되었다는 의미일 겁니다.

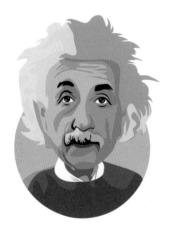

The hardest thing
in the world
to understand is
the tax.

그는 나쁜 사람인가?

강호동 씨가 탈세로 큰 곤욕을 치른 적이 있습니다. 당신 생각은 어떤가요? 호동 씨가 나쁜 짓을 한 것 같습니까, 아니면 운이 없었거나 실수를 한 것 같습니까?

예를 들어보겠습니다. 〈1박 2일〉에서 호동 씨가 씨름부 후배들에게 삼겹살을 사준 일이 방송된 적이 있습니다. 씨름부 청소년들이니 정말 엄청나게 많은 양을 먹었고, 계산은 호동 씨가 했습니다. 후일담으로 삼겹살집 사장님이 온라인에 글을 올렸는데, 호동 씨가 가고 나서도 후배들은 계속 삼겹살을 먹었고 이것도 나중에 그가 추가로 계산을 했다고 합니다.

세무적으로 이 이벤트를 정리해봅시다. 호동 씨는 정말 돈을 내기 싫었지만 촬영을 위해 어쩔 수 없이 돈을 냈다면, 이건 호동 씨의 사업상 경비로 보아야 할 겁니다. 출연료를 받기 위해서 지출한 비용이 될 테니까요. 하지만 나중에 추가로 계산한 금액은 세무상 경비로 봐선 안 될 겁니다. 후배에게 밥 사준 비용은 사적인 경비에 해당하니까요. 정리하면 촬영을 위해서 쓴 삼겹살값은 업무용, 촬영 후에 쓴 삼겹살값은 비업무용이 됩니다.

그렇다면 카메라에 찍히긴 했지만, 촬영팀 스태프가 철수한 후 먹은 삼겹살은 업무용일까요, 아니면 사적인 경비일까요?

세금은 모호하다

각자의 의견이 있겠지만 제 이야기의 핵심은 세법에 종종 모호한 구석이 있다는 것입니다.

실제 언론을 통해서 흘러나온 강호동 씨의 탈세는 피복비 같은 비용에 대한 견해 차이로 알려졌습니다. 호동 씨는 촬영을 위해서 스웨터를 구입하고 법적인 증빙을 모두 갖췄으며, 그 옷들을 실제 촬영에 사용했습니다. 담당 세무사는 업무용 경비로 처리했지만 국세청은 인정하지 않았습니다.

촬영을 위해 사용된 것은 맞지만 나중에 사적으로 이용하더라도 무리가 없는 옷이니 촬영'만'을 위한 것으로 볼 수 없고, 그래서 세법상으로는 인정하기 어렵다는 말이었습니다. 예를 들어 등짝에 '1박 2일'이라고 새기거나 반짝이가 온몸을 휘감는 의상이라면 인정되지만, 일상복으로 쓸 수 있는 옷이라면 인정하지 못한다는 의미입니다.

그렇다면 호동 씨가 여성용 '몸빼'를 사서 촬영을 했다면 그건 어떻게 봐야 할까요? 촬영만을 위한 특수 의상으로 보아 경비가 인정되나요? 아니면 동네 아주머니께 드려서 입으시게 할 수 있으니 경비로 인정되지 않는 건가요? 참 모호합니다.

업무용? 비업무용?

탈세와 절세

조찬 모임에 종종 강사로 초청을 받아 가곤 합니다. 이른 아침부터 모여서 공부하는 분들을 볼 때마다 대단하다는 생각이 절로 드는데요, 대개는 공부보다 인맥을 넓히기 위해 오시죠. 테이블에서 서로 명함을 교환하고 이런저런 이야기를 나누다 보면 공부는 약간 뒷전이 되는 경향이 있습니다. 심지어는 수업을 시작하자마자 취침 모드로 돌입하시는 분들도 있습니다. 멀쩡해 보이는 분들도 잠이 덜 깬 건 마찬가지입니다.

한 대표님께 질문을 드렸습니다.

"탈세와 절세의 차이점이 뭘까요?"

교재에도 분명히 적어두었습니다. 적법한 방법으로 세금을 줄이면 절세이지만 불법적인 방법을 동원하면 탈세라고 말이죠. 그런데 잠결에 질문을 받으셨는지 그분은 이렇게 답하셨습니다.

"그야 걸리면 탈세고, 안 걸리면 절세지요."

조찬 모임은 웃음바다가 되었습니다만, 참 오랫동안 그 말이 생각났습니다.

사람들은 세금에 대해서 일종의 신화를 가지고 있습니다. 세금은 공평하며 누구에게나 동일한 기준으로 적용된다는 생각 말입니다. 그러나 실무를 해본 사람이라면 이 생각이 얼마나 허망한 것인지 잘 알 겁니다.

오해하지 마십시오. 저도 20년 넘게 최고의 회계법인에서 이사를 지내고 손에 꼽히는 로펌에서 회계사로 일해왔고, 오랜 시간 검찰과 국세청에서 강의를 했으니 현업에 계시는 공무원들의 고충과 어려움을 누구보다 잘 이해합니다.

그러나 세금이 정말 공평하고 어떤 상황에서도 동일하게 부과될까요? 만약 한 회사에 100개의 조사팀이 나와서 조사를 한다면 합리적인 범위에서 비슷한 규모의 세금 징수액이 계산될까요? 저를 비롯한 많은 사람이 매우 회의적으로 보고 있습니다.

O vs X

절세
Tax saving

탈세
Tax evasion

- 적법하고 합리적인 수단으로 세금을 적게 내는 행위

- 해당 기업에 적용될 수 있는 세법상의 조세 지원 규정 등을 적극적으로 활용함

- 정확한 세금신고와 절세를 위한 CFO의 노력은 경영건전화는 물론 미래의 위험 예방에 도움이 됨

- 불법적인 방법을 이용해서 고의로 세금을 줄이려는 행위

- 수입금액 누락, 비용 과대계상, 타인 명의 도용 등

- 당장의 세금은 줄일 수 있을지 모르지만, 탈루 사실이 발견될 경우 일시에 추징되어 기업 경영에 심각한 타격을 입거나 조세 포탈범으로 처벌될 가능성이 있음

탈세의 유혹

강호동 씨는 탈세 이슈 이후 은퇴를 결정했습니다. 나중에 복귀하긴 했지만, 연예인으로서는 정말로 은퇴를 해야 할 정도로 큰 이슈였습니다. 세금은 대외적인 이미지에 타격을 줄 뿐만 아니라 금전적으로도 돌이킬 수 없는 손해를 일으킵니다. 그런데도 왜 많은 이들이 탈세의 유혹에 빠질까요?

예를 들어보겠습니다. 당신은 매우 부유한 집안의 사람으로, 어느 날 아버님께서 100억 원짜리 건물을 주신다고 합니다. 세법은 논외로 하고, 증여받은 건물에 대해서 자발적으로 세금을 낼 수 있다면 얼마나 내시겠습니까?

강의 시간에 이런 질문을 해보면 통 크게 30~40억 원을 내겠다는 사람들도 있지만, 정말 부자들은 3억 원 내외라는 답변이 가장 많았습니다. 어차피 부자들이 내는 세금이니만큼 이왕이면 많이 내는 게 좋다는 일반인과 내 돈이 줄어드니 너무 아깝다는 부자들의 차이인지도 모르겠습니다.

그렇다면 실제로 내야 하는 세금은 얼마일까요? 건물과 비슷한 가격, 즉 100억 원 가까이를 세금으로 내야 합니다. 제가 이렇게 말씀드리면 회계사가 세법도 모른다면서 핀잔을 주는 분들이 많은데요, 제 말이 맞습니다.

우리나라 증여세법에 따르면 30억 원을 초과하는 경우에는 50%의 세율을 곱하고 4.6억 원을 공제합니다(직계비속에 대한 공제가 있지만 이 정도 부잣집이라면 10년 동안 그에 해당하는 5,000만 원 정도는 증여를 했을 것이니 이 문제는 제외해봅시다). 100억 원짜리 건물에 대해서 50%의 세율을 곱하면 50억 원이 되고, 여기서 4.6억 원을 차감하면 45.4억 원이 되죠. 이 액수가 바로 증여로 부담해야 할 대략적인 세금입니다.

자 그럼, 이 세금은 어떻게 내실 겁니까? 45억 원을 통장에 가지고 있나요? 어쩔 수 없이 아버지가 또 현금을 증여해줘야 합니다. 그럼 그 돈에 또 증여세가 붙습니다.

결국 부자 아버지가 자녀에게 100억 원의 건물을 주기 위해서는 현금 100억 원을 함께 주어야 합니다. 그러면 증여한 금액은 200억 원이 되고, 그 절반인 100억 원을 세금으로 내게 되죠. 그러면 우수리 현금이 4.6억 정도 남을 텐데 이걸로 취득세를 충당할 수 있을지는 모르겠네요.

부자들이 느끼는 실효세율은 100%입니다. 처음에는 "기부도 하는 마당에 나라에서 정한 세금을 안 내는 파렴치한 이들이 어디 있어?"라고 말하던 사람도 막상 세액을 계산해서 보여주면 "회계사님, 혹시 방법이 없을까요?"라고 태세를 바꿉니다. 하지만 안타깝게도, '방법' 같은 건 없습니다.

일반적인 회계사나 세무사라면 이런 상황에서는 적법하게 처리하는 게 제일 좋다는 조언을 합니다. 하지만 부자 아버지 입장에서는 100억 원을 세금으로 내자니 너무나 아깝겠죠. '저 멍청한 회계사 말고 다른 유능한 회계사를 만나면 좋은 방법이 있을 거야'라고 생각합니다. 백방으로 회계사를 찾아봅니다.

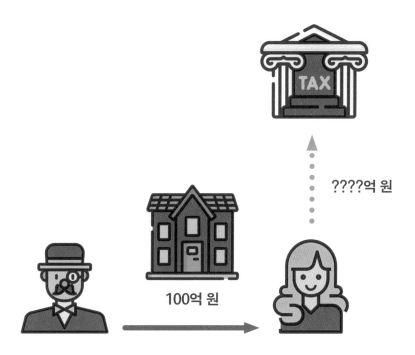

????억 원

100억 원

탈세의 처벌

안타깝게도 좋은 회계사들이 다 어디로 갔는지 세금을 획기적으로 줄여줄 사람을 찾지 못했습니다. 시간은 없고 마음은 바쁘고, 그냥 200억 원을 현금으로 바꿔 자녀에게 주면서 마늘밭에 묻으라고 말해두었습니다(요즘은 거의 불가능한 방법입니다).

그렇게 몇 년이 흘렀습니다. 마침 좋은 땅이 나와서 사려고 하는데 2억 원 정도가 부족합니다. '그 정도는 가지고 있지' 하면서 자녀가 호미를 들고 마늘밭으로 향합니다. 막 돈을 캐려는데 갑자기 스포트라이트가 비칩니다. "손 들어! 그거 무슨 돈이야?"라는 확성기 소리가 울리면서 말이죠.

참고로, 이런 상황에서의 모범 답안을 알려드리겠습니다. 국세청에 "그러게요"라고 말하면 됩니다. "그러게요. 웬 돈이죠? 전 모르겠습니다. 습득물이니 저한테 10% 주세요."

국세청은 이 현금을 두고 자녀에게 소명을 하라고 할 겁니다. 아버지가 준 돈이라면 상속세나 증여세를 부과할 것이고, 자기가 번 돈이라면 소득세를 내야 할 것입니다. 계산의 편의를 위해서 증여로 간주해봅시다. 그렇게 해도 200억 원 중에서 절반 정도만 세금을 내면 나머지는 내 것인데 왜 회계사는 누구 돈인지 모른다고 답변하라는 걸까요?

안타깝게도 이 경우는 부정한 방법으로 세금을 탈루한 것이라 가산세가 붙습니다. "그까짓 가산세 내고 말지. 얼마면 돼?" 네, 40%입니다. 40억 원을 내야 합니다.

그래도 남는 것이 있지 않나? 세금을 늦게 내면 이자 성격의 가산세가 또 기다리고 있습니다.

그래도 남는 것이 좀 있지 않을까? 조세범 처벌법이라는 법이 있습니다. 일정 금액 이상을 탈루하면 벌금을 내거나 운이 나쁘면 실형을 살게 될 수도 있습니다. 더 심한 경우에는 '특정범죄 가중처벌 등에 관한 법률'에 따라 가중처벌이 될 수도 있습니다. 그 법의 제8조 1항 1호를 읽어드릴까요?

"포탈하거나 환급받은 세액 또는 징수하지 아니하거나 납부하지 아니한 세액이 연간 10억 원 이상인 경우에는 무기 또는 5년 이상의 징역에 처한다."

번 돈? 소득세
받은 돈? 증여세

은닉 현금 적발

세금   **가산세(벌금)**   **형사처벌**

절세를 위해 공부할 세법

처벌과 관련하여 구체적인 사례를 말씀드리겠습니다.

서초동에서 양악수술을 전문으로 하던 병원장 A씨는 2010년과 2011년에 발생한 98억 원의 매출을 어머니나 동료 의사의 계좌로 입금받아서 매출을 누락했습니다. 포탈세액은 11.3억 원 정도였습니다. 재판부는 초범임을 참작해 징역 1년 6개월에 집행유예 3년, 벌금 약 7억 원을 선고했습니다. 물론 포탈세액인 11.3억 원에 가산세는 별도로 납부해야 했고요. 이 정도면 탈세가 얼마나 무섭고 위험한 일인지 잘 알 수 있을 겁니다.

혹시 '그럼 어쩌라고'라는 생각이 드셨습니까? 세금은 법률에 따라 부과되고 절세 역시 법률에 따라 이루어져야 하는데, 조세 전문가도 아닌 일반인이 그 많고 복잡한 세금을 어떻게 공부하느냐고 말이죠.

맞습니다. 그러니 효율적으로 공부해야 합니다. 공부를 해도 줄일 수 없는 세금이 있습니다. 세무조사가 거의 안 나오는 세금들이죠. 예를 들어 재산세나 자동차세를 공부하는 사람은 아마도 없을 것입니다. 매년 나오는 것이고, 이의제기를 할 수 있는 부분이 일부 있기는 하지만 대부분은 부과되는 세금을 납부하는 것이 최선입니다. 그리고 주세를 공부하는 사람도 없을 겁니다. 해당 분야가 나와 무관하다면 당연히 공부할 필요가 없으니까요.

결론적으로, 공부하면 위험을 줄일 수 있는 세법 그리고 나와 관련이 있는 세금에 집중해야 합니다. 바로 국세기본법과 소득세, 법인세, 부가가치세입니다.

그중 하나인 국세기본법을 당신은 이미 공부했습니다. 이번 파트의 내용이 바로 '국세기본법'이었습니다. 읽을 만하지 않으셨나요? 이렇게 간단하고 쉬운 방식으로 해당 세법의 주요 내용과 핵심 원리를 설명하고, 몰랐을 경우 처하게 될 위험을 체크해서 사전에 대비할 수 있도록 말씀드릴 예정입니다.

마음을 다잡고 이 책을 펼치셨을 테니 우리와 가장 연관 있는 소득세부터 공부해보겠습니다.

절세 가능 세법

위험한 세법

| 법인세 | 소득세 | 부가가치세 |

PART 3

나를 위한 세금, 소득세

QUICK GUIDE

개인의 소득에 대해서 내는 세금이 소득세입니다. 매월 낸 세금과 내야 할 1년 치 세금을 비교해서 차액을 매년 2월에 급여 지급 시 돌려주거나 추가로 과세합니다. 이를 연말정산이라고 합니다.

개인사업자와 다르게 근로소득자는 실제 사용한 돈을 경비로 인정해주지 않습니다. 대신 다양한 공제제도를 통해서 세제상의 혜택을 주고 있으니 이런 혜택들을 잘 챙기는 것이 중요합니다.

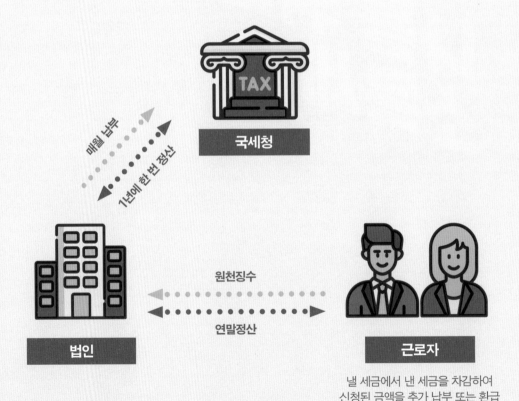

국세청

매월 납부

1년에 한 번 정산

원천징수

연말정산

법인

근로자

낼 세금에서 낸 세금을 차감하여
신청된 금액을 추가 납부 또는 환급

1. 개정된 사항을 확인하자.

2. 서류를 꼼꼼히 챙기자.

3. 미리 계산하고, 공부하자.

소득세의 특성

인별과세, 열거주의, 누진세율

소득세는 개인소득세의 준말입니다. 개인이 돈을 버는 경우 그에 대해 부과되는 세금이죠. 만약 당신이 배우자와 경제적 공동체를 이루고 있다고 하더라도 소득은 엄격하게 구분되며, 세금도 그렇습니다. 개인별로 과세를 하는 것이 원칙입니다. 물론 소득공제 등에서 인적인 요소를 반영해주는 부분도 있지만, 대전제는 개인의 소득을 각각 집계하고 세금을 계산한다는 것입니다.

소득세는 열거주의 과세 방식을 채택하고 있습니다. 법인은 장부라는 방법을 통해서 단일한 채널로 소득을 집계할 수 있지만 개인은 쉽지 않습니다. 특히 한번 소득이 지급되고 나면 세금을 부과하기 어려운 경우도 있기 때문에 소득을 종류별로 열거하고 각 소득에 대해 상당한 금액을 세금으로 미리 확보하는 방식을 채택하고 있습니다.

소득세는 누진세율제도를 적용받습니다. 돈을 많이 벌면 벌수록 상대적으로 높은 세율이 적용돼 더 많은 세금을 내도록 설계되어 있습니다.

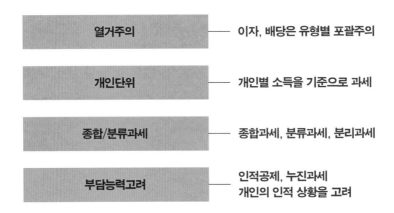

열거주의	이자, 배당은 유형별 포괄주의
개인단위	개인별 소득을 기준으로 과세
종합/분류과세	종합과세, 분류과세, 분리과세
부담능력고려	인적공제, 누진과세 개인의 인적 상황을 고려

종합과세, 분류과세

소득세를 부과하는 방법은 크게 세 가지로 나누어볼 수 있습니다. 종합과세, 분류과세, 분리과세입니다.

종합과세는 모든 소득을 합산해서 과세하는 것을 말합니다. 누진세율을 효과적으로 적용하려면 소득을 나누어서 과세하는 것보다 모두 합쳐서 과세하는 것이 유리합니다.

다음은 분류과세입니다. 어떤 소득은 합산해서 과세하는 것이 합리적이지 않을 수도 있습니다. 예를 들어 30년 동안 근무한 회사를 퇴사하고 받은 1억 원과 3개월을 근무하고 받은 1억 원을 동일한 세율로 과세하는 것은 문제가 있습니다. 그래서 누진적인 성격을 가지고 있는 퇴직소득에 대해서는 다른 소득과 합산해서 과세하지 않고 종류를 나누어서 과세하는데, 이를 분류과세라고 합니다.

골치 아픈 양도소득세도 분류해서 과세합니다. 양도소득세는 개인의 투자소득에 대한 과세로 이해하면 됩니다. 상장주식은 대부분의 경우에 차액에 대한 과세는 없는 것으로 보아도 무관하지만, 금액이 크거나 해외 주식 등에 대해서는 과세가 됩니다. 부동산은 취득하는 단계에서는 취득세, 보유하는 단계에서는 재산세(일부 종합부동산세), 양도하는 단계에서는 양도소득세가 발생합니다.

특히 차액을 과세하는 방식에서 주택의 경우에는 지역, 명의 소유기간, 거주기간 등에 따라서 세액의 변동이 심합니다. 정책적으로도 관심이 많은 부분이라 세법의 변동이 잦으니 최신 세법을 꼭 확인하고 매각 결정을 해야 합니다.

Key Point

분리과세

마지막은 분리과세입니다.

앞서 설명한 대로 종합소득은 모든 소득을 합산해서 과세하는 것인데, 이는 상당한 수고를 요구하는 방법입니다. 열거된 소득의 종류에는 이자와 배당소득이 있는데, 정말 많은 국민이 이자소득과 배당소득을 얻고 있죠. 그런데 이들이 전부 세무서를 찾아서 신고를 하게 한다면 세무서로서도 무척 번거로울 겁니다. 대부분은 금액이 크지 않을 테니 은행이나 증권사에서 일정한 세금을 먼저 공제하고, 금액이 큰 사람들만 세무서를 찾아서 종합소득 신고를 하도록 유도하고 있습니다.

이처럼 합산하지 않고 분리해서 과세하는 것을 분리과세라고 합니다.*

* 분리과세는 이자나 배당 같은 금융소득 이외에 일용직의 근로소득, 프리랜서의 사업소득이나 기타소득 등에서도 폭넓게 활용되고 있습니다.

원천징수

세금을 거두는 것은 쉬운 일이 아닙니다. 경제적으로 여유가 있다고 하더라도 세금을 내는 것은 유쾌한 일이 아닌 터에 돈을 다 써버려서 남는 돈이 없다면 납부를 하기가 더욱 어려울 것입니다. 그래서 국가는 소득을 지급할 때 세금을 미리 징수해서 국가에 납부하도록 하는 제도를 만들어두었습니다.

예를 들면 은행에서 이자를 줄 때나 회사에서 월급을 줄 때 세금을 미리 공제하고 나머지 금액을 지급하는 방식입니다. 앞에서 살펴본 바와 같이 이자소득이 많지 않은 경우는 은행에서 원천징수한 것으로 세금 관련 업무가 모두 끝납니다(분리과세). 반면 금액이 큰 경우에는 다른 소득과 이자소득을 합산해서 종합소득을 계산하고, 은행에 낸 세금은 나중에 내야 할 세금에서 공제를 해줍니다(종합과세).

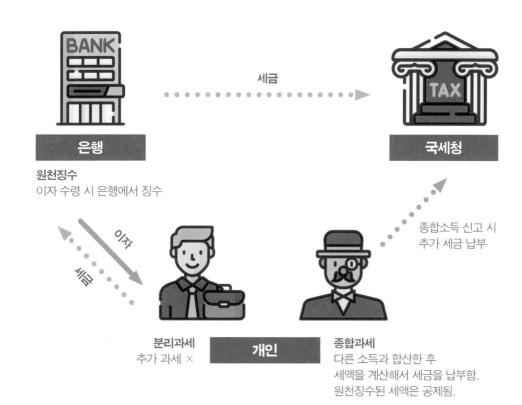

근로소득자의 원천징수

급여소득도 비슷합니다. 회사는 매월 급여를 지급할 때 일정한 세금을 공제합니다. 그리고 이 세금을 매월 국가에 납부합니다.

소득세법은 개인의 소득을 과세 대상으로 합니다. 문제는 소득이 같더라도 개인마다 상황이 다를 수 있다는 점입니다. 1인가구보다는 5인가구의 가장이 생활비로 사용하는 금액이 클 텐데 소득세법에서는 근로자가 실제 사용한 경비를 비용으로 인정해주지 않습니다. 그래서 별도의 소득공제와 세액공제제도를 만들어두었습니다.

그 규정에 따라 세금을 계산해서 내야 할 세금을 계산하도록 하고, 낸 세금과 낼 세금의 차이를 정산해서 2월에 급여를 지급할 때 환급해주거나 추가 납부하도록 합니다. 이것이 바로 연말정산이죠.

그렇다면 나의 세금에 영향을 주는 요소로는 어떤 것들이 있을까요?

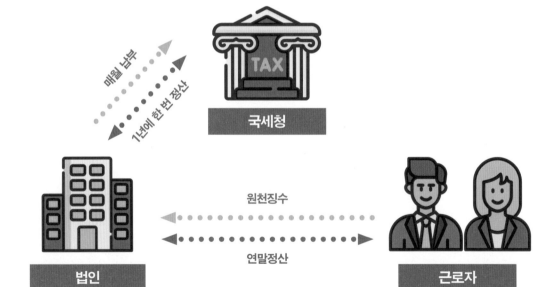

근로소득자의 세금을 줄여주는 항목들

비과세소득

근로자는 근로의 대가로 회사로부터 다양한 형태의 돈을 받게 됩니다. 월급은 당연히 과세 대상이겠지만, 모호한 대가들도 있습니다. 식사를 제공받거나 차량을 제공받는 경우도 있고, 식대나 출장비를 지원받기도 합니다.

세법에서는 업무를 위해 사용한 비용으로서 증빙을 갖추어 청구한 금액은 모두 소득으로 보지 않습니다. 예컨대 택시비나 유류대를 증빙을 첨부해서 승인받은 경우, 회사의 업무를 하는 데 소요된 비용을 내가 지불한 것에 불과하므로 소득으로 보지 않는 것입니다. 식사도 마찬가지입니다. 업무를 위해서 소요된 경비이고 구내식당에서 증빙으로 이미 경비처리를 했으니 문제가 없습니다. 그런데 식비를 돈으로 지급하면 문제가 됩니다. 무한정 허용해주면 연봉을 모두 식대라고 주장할 것입니다. 그래서 세법에서는 일정한 기준을 정해두고, 그 기준을 넘겨 지급한 것은 소득으로 봅니다.

결과적으로, 동일한 돈을 받았더라도 비과세소득이 많다면 세금을 덜 낼 수 있습니다.

소득공제, 세액공제, 세액감면

근로자는 실제 사용한 경비를 소득에서 차감해주지 않기에 개인별 상황을 고려해줄 필요가 있습니다. 그래서 세법에 구체적으로 부양할 가족을 정하고, 이들에 대해서는 세제상 혜택을 주고 있습니다. 인원수에 따라 공제를 해주는 기본공제와 추가공제를 통해서 소득액을 줄여주는 방법입니다.

사업자들의 소득을 노출시키는 가장 좋은 방법은 거래에서 주로 카드를 사용하게 하는 것입니다. 카드사를 통해 매출을 확인할 수 있어서 탈세를 근본적으로 막을 수 있기 때문입니다. 그래서 카드를 사용하거나 집 장만을 위해 지급한 이자 등도 소득에서 공제해주는 제도를 만들어두었습니다. 한편 세금 자체를 깎아주는 제도도 있습니다. 연말정산의 꽃이라고 불리는 의료비, 교육비, 보험료, 기부금, 월세 세액공제 등이 이에 해당합니다. 정책적인 목적으로 특정 집단의 세금을 공제해주는 제도도 있습니다.

결국 세금을 줄이려면 이런 공제 항목들을 자세히 공부해야 합니다. 이에 대해서는 뒤에서 자세히 살펴보겠습니다.

사업소득자의 원천징수

개인사업자의 사업별 세금 문제는 생각보다 복잡합니다.

　개인사업자가 법인을 위해서 사업을 하는 경우에는 법인에서 대가를 지급하면서 원천징수를 합니다. 예를 들어 회사에 가서 강연을 하고 강연료를 받는다면, 회사는 원천징수를 하고 잔액만 강사에게 지급할 것입니다. 강사는 5월에 국세청에 종합소득 신고를 하면서 회사에서 낸 세금을 뺀 금액을 세금으로 납부하면 됩니다.

　그런데 예컨대 커피숍을 하는 개인사업자라면 국세청 입장에서는 난감할 수밖에 없습니다. 소득이 얼마인지 정확히 확인할 방법이 없으니까요. 그래서 국세청은 소비자가 카드로 결제하거나, 현금으로 결제한 경우 현금영수증을 받도록 유도하고 있습니다. 그래야 개인사업자의 매출이 노출되고 적절한 과세를 할 수 있기 때문입니다.

　개인사업자는 현금결제를 유도해서 세금을 회피하고 싶을 겁니다. 그래서 국세청은 현금으로 결제하는 경우 현금영수증을 발행하게 하고, 일부 업종에 대해서는 의무 규정을 도입해서 위반 시 상당한 가산세를 부과합니다.

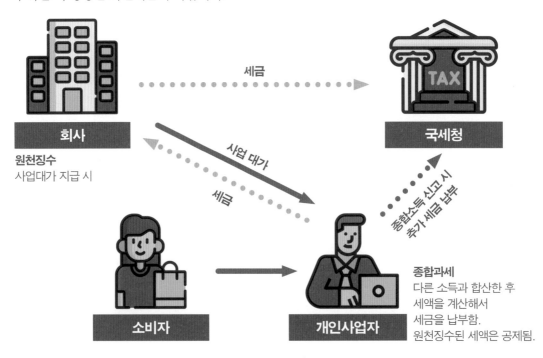

회사
원천징수
사업대가 지급 시

세금

국세청

사업 대가

세금

종합소득 신고 시
추가 세금 납부

소비자

개인사업자

종합과세
다른 소득과 합산한 후
세액을 계산해서
세금을 납부함.
원천징수된 세액은 공제됨.

사업소득자가 세금을 줄이는 방법?

매출 누락, 경비 과대계상

사업자가 세금을 줄이는 방법은 단순합니다. 소득을 줄이고 경비를 늘리면 됩니다. 물론 둘 다 탈세죠. 탈세 이야기부터 해볼까요?

법인소득, 이자소득 등은 지급자가 법인이거나 금융기관입니다. 원천징수를 통해 액수가 대부분 노출되는 소득이죠. 그러나 사업소득은 현금 거래가 가능한 부분이 많고, 국세청이 현실 거래를 규제하기는 쉽지 않습니다. 예를 들어 노점상을 하면서 현금으로 돈을 받은 사람에게 세금을 부과하는 것은 쉬운 일이 아니죠. 그래서 탈세가 많이 일어납니다.

이분들께는 안타까운 일이겠지만, 세상이 많이 바뀌었습니다. 사람들은 예전처럼 현금을 들고 다니지 않습니다. 카드와 계좌이체가 늘었고, 심지어 현금으로 저축을 하거나 이체를 하는 경우에도 은행이 용도와 출처를 꼬치꼬치 묻습니다. 용케 양성화에 성공해서 목돈을 모아 집이라도 한 채 사면 자금출처를 소명하라는 편지가 날아듭니다.

국세청은 상상도 하지 못할 정도로 많은 정보를 모으고 있으며, 이상한 징후를 자동으로 알려주는 시스템도 운용하고 있습니다. 이를테면 소득으로 1억 원을 신고한 사람이 본인의 소득을 뛰어넘는 2억 원을 카드로 쓸 경우 자동으로 검출됩니다.

그런데도 여전히 많은 개인사업자가 종전처럼 신고를 누락하거나 가공의 경비를 계상해도 된다고 생각합니다. 카드매출만 신고하고 현금매출은 절반 정도만 신고하거나 실제 근무하지 않은 가족에게 인건비를 주면서 '절세'라고 생각하는 이들도 있습니다. 경조사 자료를 모아서 단톡방에 공유하는 사람들도 있죠. 이는 엄연한 범죄 행위이고 매우 위험한 일입니다.

국세청에서 매년 종합소득을 신고하는 사람들에게 편지를 보냅니다. 분석을 해보니 다른 사람들에 비해서 접대비가 많다거나, 동종 업체에 비해서 인건비 비중이 높다는 식의 안내문입니다. 그처럼 국세청이 쳐다보고 있는데도 탈세를 계속하는 것은 용감한 게 아니라 매우 위험한 일입니다.

근로소득자의 세금을 계산해봅시다

회사에 다니면 월급을 줍니다. 근로의 대가입니다. 소득세는 개인의 소득에 대해서 부과한다
고 말씀드렸죠? 즉, 회사에서 받은 월급에 세율을 곱하면 세금 액수가 나옵니다. 간단하죠.

급여 × 세율 = 세금

그런데 한편으로 생각해보면 회사에서 받은 돈의 총액에 대해 과세하는 것은 합리적이지
않습니다. 예를 들어 카페를 운영한다고 할 때, 손님에게 커피를 판매하고 받은 돈이 소득이
아니라 인건비와 재료비 등의 경비를 제하고 남은 돈이 소득입니다.

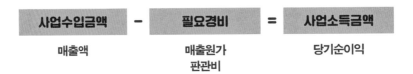

이 금액에 세율을 곱한 것이 카페 주인이 내야 할 세금이죠.

(수익 − 비용) × 세율 = 세금

이 논리에 따르면, 회사로부터 받은 월급에서 회사를 다니는 데 필요한 경비를 제하고 난
이후 금액을 기준으로 세금을 부과하는 것이 타당합니다.

근로소득금액

근로소득자의 세금을 계산할 때는 회사로부터 받은 월급에서 경비를 차감한 것을 소득으로 봐야 합니다. 그런데 이런 방식으로는 큰 문제가 발생합니다. 옆의 동료와 급여는 똑같은데 세금에서 차이가 날 수 있다는 겁니다. 동료가 쓴 돈(경비)이 많아서 세금이 적다면, 쉽게 수긍이 될까요?

그래서 근로소득자에 대해서는 실제 사용된 경비가 아니라 소득금액에 비례한 금액을 공제해줍니다. 대충 그려보면 다음과 같습니다.

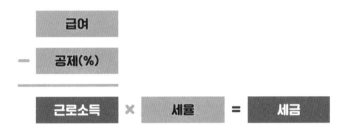

용어를 조금 정리해보겠습니다.

먼저, 회사에서 받은 돈이 모두 과세 대상인 것은 아니라고 했습니다. 회사에서 받은 돈 중 세금을 부과하는 소득을 '총급여'라고 하고, 비율로 계산된 경비를 '근로소득공제금액'이라고 합니다. 그러면 수식은 다음과 같이 정리됩니다.

(총급여 − 근로소득공제금액) × 세율 = 세금

총급여에서 근로소득공제금액을 빼준 금액을 '근로소득금액'이라고 부릅니다. 1년 동안 개인이 근로를 제공하고 얻은 대가에 대해 세금을 부과할 만한 기준금액이 드디어 나왔습니다.

과세표준

이제 소득을 알았으니 세율을 곱하면 세금이 나올 것 같습니다.

근로소득금액 × 세율 = 세금

　　그런데 이 상태로 과세를 하는 것은 조금 위험합니다. 앞에서 살펴본 것처럼, 개인에 대한 과세를 하는 것이라면 개인에 대한 고려가 필수적입니다. 아이 둘이 있고 부모님을 모시고 사는 사람과 혼자 사는 단독가구는 쓰는 돈이 다를 수밖에 없죠. 이에 대해서 동일한 세금을 부과하는 것은 올바르지 않습니다. 그래서 근로소득금액을 한 번 더 조정해줄 필요성이 생깁니다.

　　여기서 '소득공제'라는 개념이 나옵니다. 딸린 식구가 많다면 인원수에 따라 기본적으로 공제를 해주고, 그중에 장애인이나 나이가 많은 분들이 계시다면 추가로 공제를 해줍니다. 카드를 사용한 경비가 많거나 집을 장만해서 이자 비용이 많이 지출됐을 경우, 일정한 요건을 충족하면 소득에서 공제를 해줍니다.

(근로소득금액 − 소득공제) × 세율 = 세금

　　이렇게 세율을 곱하는 대상이 되는 금액을 '과세표준'이라고 합니다. 앞으로는 세금이 많이 나오니, 이 세금을 다른 세금과 구분하기 위해서 '산출세액'이라는 용어로 정리해봅시다.

과세표준 × 세율 = 산출세액

세액조정

이렇게 세금을 구했으면, 이 금액을 그대로 내야 할까요? 그것도 조금 문제가 있습니다. 조세 정책적인 목적에서 일정 부분은 혜택을 주어야 하고, 의무를 이행하지 않은 부분에 대해서는 페널티를 부과해야 합니다. 더해주는 세금과 빼주는 세금을 모두 반영하면 내야 할 세금, 즉 결정세액이 나옵니다.

산출세액 − 세액공제 − 세액감면 + 가산세 = 결정세액

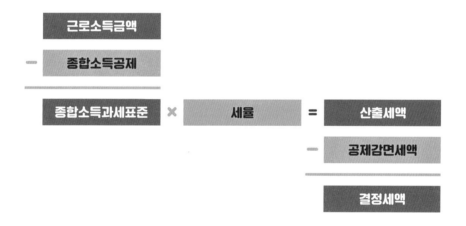

Exercise

연말정산

이 금액이 바로 국세청 입장에서 올해 징수해야 할 세금의 총액이 됩니다. 그런데 근로자가 곧장 이의를 제기할 겁니다. 앞에서 살펴본 바와 같이 매달 월급을 받으면서 일정한 세금을 미리 납부했으니까요.

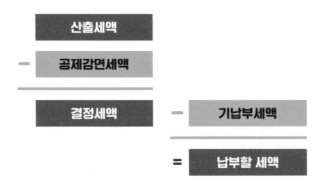

**결정세액(낼 세금) − 기납부세액(낸 세금)
= 납부할 세액(추가 납부 또는 환급)**

이제, 낼 세금과 낸 세금을 비교합니다 낼 세금이 더 많으면 더 내야 할 것이고, 그 반대면 국세청이 세금을 돌려주어야 할 것입니다.

예를 들어 20×1년에 매달 10만 원씩 세금을 낸 사람이 20×1년도 소득을 계산하고 각종 공제와 감면 항목을 반영해서 내야 할 세금을 계산해보니 100만 원이었다고 해봅시다. 기납부세액은 '10만 원×12월＝120만 원'이고 내야 할 세금인 결정세액은 100만 원이니, 국가가 이 사람에게 20만 원을 돌려주어야 합니다.

이렇게 세금을 정산하는 절차를 '연말정산'이라고 하며, 연말정산의 결과는 2월에 급여를 지급할 때 반영됩니다. 이 사람은 낸 세금이 낼 세금보다 20만 원이 많으므로 20×2년 2월에 국세청으로부터 20만 원을 돌려받게 됩니다.

근로소득자의 세금을 줄여주는 항목들

비과세소득, 소득공제, 세액공제

앞에서 살펴본 과세 과정을 정리해보면 다음과 같습니다. 먼저, 회사에서 받은 돈 중 세금을 부과하는 항목을 모아서 '총급여'로 봅니다. 여기에서 소득금액에 비례하는 경비를 차감해 '근로소득금액'을 구합니다. 그런 다음 소득공제 과정을 거치면 '과세표준'이 구해졌습니다. 여기에 세율을 곱하면 산출세액이 나오는데, 산출세액에서 공제감면세액을 빼고 가산세를 더해서 결정세액을 계산합니다. 이를 기납부세액과 비교하여 환급을 받거나 추가로 납부를 합니다.

이렇게 구분해놓고 보면 근로자가 세금을 적게 낼 수 있는 포인트가 보입니다. 소득 단계에서는 사용한 경비로 공제를 해주지 않으니, 비과세소득으로 급여를 받을 수 있다면 세금을 덜 낼 수 있습니다. 다음으로는 소득공제에서 부양가족에 대해 빠짐없이 공제를 받는 것도 도움이 되고요. 이처럼 적극적으로 절세 계획을 세우고 공제 혜택이 열거된 세액공제를 챙기면 세금을 줄일 수 있을 것입니다.

소득공제와 세액공제의 차이

앞서 세금은 소득에 세율을 곱한 것이라고 정의했습니다.

이 복잡한 절차를 다시 정리하자면, 소득을 조정하는 절차와 세액을 조정하는 절차로 나누어볼 수 있습니다. 법인세나 부가가치세도 마찬가지 구조인데, 법인세는 회사 단위의 고민이지만 소득세는 그렇지 않습니다. 나의 결정과 고민을 통해서 세금을 줄일 수 있는 부분이 있습니다. 소득의 조정 과정과 세액의 조정 과정이 그렇습니다.

대표적인 것이 소득공제와 세액공제입니다. 둘은 비슷한 듯 보이지만 매우 다릅니다.

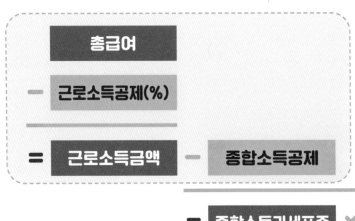

총급여
− 근로소득공제(%)
= 근로소득금액 − 종합소득공제
= 종합소득과세표준 × 세율

소득조정
비과세소득, 소득공제

소득공제는 소득에서 공제해주는 것이기 때문에 세율에 영향을 받습니다. 세법에는 부양가족이 있으면 인원수에 따라 소득에서 일정 금액을 공제해주는 기본공제제도가 있습니다. 근로자에게 기본공제자인 자녀가 1명 있어서 기본공제 150만 원을 받는 경우, 세금은 150만 원에 본인의 세율을 곱한 금액만큼 줄어듭니다. 본인에게 적용될 세율이 6%라면 150만 원에 6%를 곱한 9만 원의 세금이 줄어드는 거죠. 본인의 한계세율이 40%라면 150만 원에 40%를 곱한 60만 원의 세금을 덜 낼 수 있습니다.

한편 세액공제는 당사자의 세율과 무관하게 같은 액수의 혜택을 적용합니다. 기본공제자인 자녀를 올해 출산해서 30만 원의 자녀 세액공제를 받는다면 본인의 세율이 6%이든 40%이든 동일하게 30만 원의 혜택을 보게 됩니다. 세액공제가 더 유리하다는 점을 직관적으로 알 수 있죠?

소득공제는 소득이 많은 사람이 혜택을 많이 받지만, 세액공제는 소득액과 무관하게 혜택이 모두 동일합니다. 그래서 세법은 근로자를 위한 대부분의 세제상 혜택을 세액공제로 만들어두었습니다.

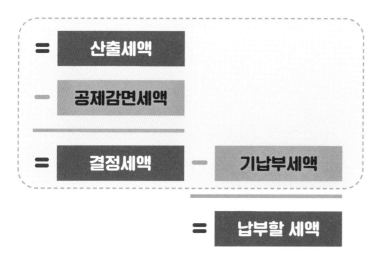

비과세소득

회사에 다니면 근로의 대가로 여러 가지 혜택을 보게 됩니다. 법령에서 정한 비과세소득에 해당하지 않는 한 모든 것은 원칙적으로 과세 대상이 됩니다. 예를 들어, 회사가 직원에게 현물로 식사를 제공하거나 매월 식대로 10만 원을 지급할 수 있죠. 법령에 따라 이런 혜택은 비과세가 됩니다. 그러나 기준금액을 초과하는 금액을 지급하거나, 밥도 주고 돈도 줄 경우 돈으로 지급한 금액에 대해서는 세금을 부과합니다.

취지는 이해가 됩니다. '식대는 세금을 내지 않는다'라고 규정하면 월급을 모두 식대로 지급할 것이기 때문입니다. 그런데 현실은 훨씬 복잡하고 고민거리들도 많이 생기죠. 예를 들어 회사에서 근처 식당에서 밥을 먹을 수 있는 식권을 제공했다고 해봅시다. 그렇다면 이건 무엇으로 봐야 할까요?

국세청은 이 식권이 식당에서만 제한적으로 쓸 수 있다면 실제 밥을 제공한 것과 동일하게 비과세를 하지만, 현금으로 교환할 수 있거나 편의점 또는 카페 등에서도 쓸 수 있는 식권은 비과세 대상으로 보지 않습니다(원천세과-190 2011.04.04). 식대는 회사 업무에 필요한 것으로 종업원의 복리증진을 위해서 쓰였으니 비과세 대상이지만, 현금이나 다른 용도로 사용될 수 있다면 수당을 지급한 것과 유사한 것이므로 과세가 될 수 있다는 정도로 이해하면 되겠습니다.*

---

* 법률에서 정한 조건을 충족하는 경우 일정 금액까지는 비과세소득으로 봅니다. 대표적인 비과세소득은 다음과 같습니다. 실비변상적 급여, 규정에 따라 지급받는 출장비, 자가운전 보조금, 국외에서 근로를 제공하고 받는 급여, 생산직 근로자의 연장·야간·휴일 근무수당, 현물 식사와 일정 금액 이내의 식사대, 6세 이하 자녀 보육수당, 본인 학자금, 건강보험료, 고용보험료 등.

이제 기본적인 내용은 파악했으니 응용을 해봅시다. 회사에서 명절 선물로 직원들에게 아이패드를 하나씩 나누어주었습니다. 국세청은 어떻게 볼까요?

업무용으로 나누어준 것이라면 문제가 없습니다. 업무용이니 하나씩 가질 수 있죠. 하지만 직원들이 각자 집으로 가지고 갈 수 있고 퇴사 시에 반환할 의무조차 없다면 회사가 아이패드만큼의 돈을 급여로 지급했다고 볼 수 있습니다. 업무용 노트북은 회계경비로 처리하고 관리번호도 있습니다. 분실하면 돈을 물어내야 하고, 퇴사를 하면 반납도 해야 합니다. 회사의 물건이니 내가 이익을 본 것이 없는 셈이죠. 그에 비해 명절에 아이패드를 지급해 각자 사용하게 했고 반납의 의무조차 없다면, 이것은 급여를 현물로 지급한 것으로 보아 과세를 하는 것이 타당할 것입니다. 초보자들은 나중에 읽을 것을 권해드립니다.

정리하자면 회사에서 얻은 돈이나 혜택 중에서 일부는 국세청이 비과세소득으로 보아서 세금을 부과하지 않고, 현물로 받은 일부에 대해서는 과세가 된다는 것을 알 수 있습니다.

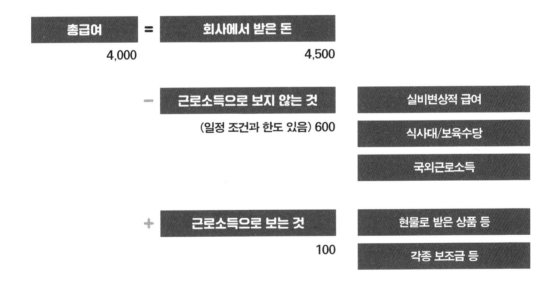

소득공제

인적공제

근로자에게 부양할 사람이 있다면 소득 중 상당 부분이 부양에 쓰일 것입니다. 그래서 소득세법에서는 근로자 본인 및 부양하는 가족의 인원수에 일정한 금액을 곱해서 기본공제를 해줍니다.

부양가족에 대해서는 여러 기준이 있는데 일단은 나이를 봅니다. 나이가 많은 부모나 어린 아이에 대해서는 부양의 의무가 있지만, 장성한 자녀나 아직은 젊은 부모님은 세법에서 부양을 이유로 소득을 공제해주지 않습니다. 물론 나이를 따지지 않는 경우도 있습니다. 가족이 장애인이라면 나이와 무관하게 부양의 부담이 증가할 것입니다.

부양가족이 나이를 비롯한 조건을 모두 충족하더라도 충분한 소득을 가지고 있다면 기본공제 대상자에는 포함되지 않습니다.

한편 기본공제 대상자의 나이가 많거나, 배우자 없이 아이를 기르고 있거나, 장애인이거나, 근로자가 부녀자인 경우 등에는 추가적인 공제를 해줍니다.

특별공제

부동산은 대한민국에서 가장 예민한 세금 문제가 발생하는 영역입니다. 제가 이 책을 쓰는 동안에도 분명 정책 당국은 새로운 세법을 고민하고 있을 것입니다. 부동산은 예민한 문제이고 상당한 자금이 오가는 일입니다. 국가 입장에서는 마냥 투기적인 관점으로만 부동산을 바라볼 수도 없습니다. 의식주에서 '주'는 근로자에게 부인할 수 없는 중요한 항목이기 때문입니다.

소득세에서는 내 집 마련의 첫 단계부터 마지막 단계까지 혜택을 줍니다. ① 주택을 사기 위해서 저축을 하는 단계, ② 월세를 내면서 거주를 시작하는 단계, ③ 전세금을 빌려서 원금과 이자를 상환하는 단계, ④ 빚으로 집을 장만해서 이자와 원금을 상환하는 단계에 걸쳐서 모두 혜택을 주고 있습니다.

문제는 정책이 나온 후 수정이 반복되다 보니 이해하기에는 너무나 복잡하게 변해버렸다는 것입니다. 간단히 말씀드리자면 ② 단계인 월세만 세액으로 공제를 해주고, ① · ③ · ④에서는 모두 소득공제를 해줍니다. 이 중에서도 ① 저축 금액과 ③ 전세의 원리금 상환액에 일정 비율을 곱한 금액에 대해서는 소득에서 공제를 해줍니다. ④번은 금액이 조금 크니까 이자만 공제해줍니다. 그리고 각각은 한도액이 모두 다릅니다.*

	❶ 저축	❷ 월세	❸ 전세	❹ 구입
공제 방법	소득공제	세액공제	소득공제	소득공제
공제 대상	저축 금액	월세	상환원금 + 이자	이자
주거 형태	해당 없음	고시원, 오피스텔, 주택(아파트)	오피스텔, 주택(아파트)	주택(아파트)

소득공제 중에서는 신용카드 사용액에 따른 공제가 있습니다. 신용카드를 사용한 금액이 총급여의 25%를 초과하면, 초과하는 금액에 일정한 비율을 곱한 금액을 한도액 범위 내에서 소득공제를 해줍니다. 일반카드보다는 직불카드나 현금영수증이 조금 더 혜택이 크고 전통시장이나 대중교통을 이용한 부분에 대해서는 혜택을 조금 더 줍니다.

* 문제는 이런 조건들이 무슨 암호문처럼 되어 있어서 처음에 세법을 공부하는 사람에게는 너무 어렵다는 것입니다. 가장 어려운 ④ '장기주택저당차입금 이자 상환공제'를 예로 들어보겠습니다(이름부터 살벌하게 길죠).
국가 입장에서 생각해봅시다. 어떤 사람에게 조세상의 혜택을 주어가면서 집을 사게 해야 할까요? 일단 투기꾼은 아니어야 할 테니 다주택자는 빠집니다. 내 돈으로 집을 못 사는 사람에게 혜택을 주어야 합니다. 그래서 취득한 지 3개월 이내에 만기가 15년이 넘는 차입금을 빌려서 집을 산 사람에게만 혜택을 주기로 법을 정한 겁니다. 집 사고 주식투자 하려고 돈을 빌린 사람에게까지 혜택을 줄 필요는 없으니까요. 그까짓 집값 3년 만에 갚아버릴 만한 위너들에게 혜택을 줄 필요는 없다고 본 거죠.
이제 정책 당국의 입장에서 생각해봅시다. 이왕이면 고정금리로 빌리는 것이 좋지 않겠습니까? 금리 변동에 움직이는 서민들이 적으면 적을수록 정책 당국의 부담은 줄어듭니다. 또 이왕이면 이자만 갚는 것보다는 원금과 이자를 함께 받는 것이 좋지 않겠습니까? 빚이 뇌관이 되어서 터지지 않게 하려면 조금씩이라도 줄어가는 것이 좋을 테니 말입니다. 그래서 고정금리로 원금과 이자를 함께 갚도록 비거치식으로 빌린 사람이 은행에 갚은 이자에 대해서 가장 많은 공제를 받을 수 있도록 제도를 만들어두었습니다.

세액감면, 세액공제

세액감면

세액감면은 국가가 일정한 대상을 정해 일률적으로 혜택을 주는 제도를 말합니다.

첫 번째는 기술 인력에 대한 혜택입니다. 우리나라에 꼭 필요한 기술을 가진 외국인을 기업에서 초빙했다면, 국가에서 세금 자체를 감면해줍니다. 내국인이지만 해외에 있다가 국내에 복귀한 경우에도 동일하게 세액을 감면해줍니다.

두 번째는 중소기업에 근무하는 개인에 대한 혜택입니다. 중소기업에 취업한 청년, 어르신, 장애인, 경력 단절 여성에 대해 세금을 감면해줍니다. 중소기업의 청년이나 핵심 인력이 성과보상기금인 내일채움공제를 수령한 경우에도 세금을 감면해줍니다. 성과공유 중소기업 근로자가 받는 경영성과금에 대한 근로소득세도 감면해줍니다.

세액공제

세액공제는 범위가 넓고 요건이 까다롭습니다. 물론 간단한 것도 있습니다. 근로소득에 따른 세액공제나 자녀 세액공제의 경우, 세법이 매년 개정되더라도 공제에서 실수를 할 일은 거의 없습니다. 그러나 세액공제는 납세자가 적극적으로 노력하는 만큼 액수가 늘어날 수 있습니다. 예를 들면 연금계좌 세액공제의 경우, 금융기관에 연금으로 납입하는 금액에 따라서 세제상의 혜택을 받을 수 있는 금액이 다릅니다.

그래서 대략적으로라도 개념을 이해하는 것이 중요합니다. 그리고 언론 보도에 귀를 쫑긋 세우고 내가 받을 수 있는 혜택이 더 있는지 살펴봐야 합니다. 연말정산 정책은 수시로 변경되고, 신고 직전에 제도가 바뀌는 일도 많기 때문입니다. 예를 들면 산후조리원 비용은 전통적으로 의료비공제를 받을 수 없는 항목이었습니다. 그러나 정부가 갑자기 정책을 바꾸면서 공제가 가능해졌습니다. 그러니 기본적인 개념을 알아두고, 언론 보도 등을 통해서 중요한 변경 사항을 놓치지 않도록 공부해야 합니다.

그리고 세액공제는 공제 대상 금액을 확정 짓고 그 후에 일정한 비율을 곱한 금액을 세액에서 공제해준다는 점도 기억해야 합니다. 예를 들어 대학생 1,000만 원과 고등학생 100만 원의 교육비를 지출했다면, 1차적인 한도인 대학생 900만 원과 중고생 300만 원이 적용됩니다. 대학생은 한도를 초과했으니 900만 원이 공제 대상 금액이 되고 고등학생은 한도에 미달하므로 100만 원이 공제 대상 금액이 됩니다. 둘을 합친 금액 1,000만 원에서 교육비공제가 적용되는 비율인 15%를 곱한 150만 원이 세액공제의 대상이 되는 거죠.

만약 이 근로자가 낼 세금이 없다면 어떨까요? 국가가 150만 원을 환급해주는 것이 아닙니다. 그냥 소멸됩니다. 그러니 세액공제를 받고자 할 때는 첫째 지출 금액이 공제 대상인지, 둘째 한도 범위 이내의 금액인지, 셋째 실질적인 공제 혜택을 받을 수 있는지 등을 확인해야 합니다.

공제 대상?
한도 범위 이내?
실제 공제 가능?

 **Intensive Course**

보험료공제, 의료비공제, 교육비공제

보험료공제

기본공제 대상자를 위해서 보장성 보험에 가입한 경우 공제를 해줍니다. 보험사에 지급한 보험료 중에서 적금처럼 예치하는 보험이 아니라 피해에 대비하기 위한 비용에 대해 국가에서 혜택을 주는 것입니다.

여기에서는 피보험자라는 개념이 중요합니다. 표현이 좀 그렇지만 '피를 흘리는 사람'이라고 이해하면 쉽습니다. 내가 부양하는 사람이 피를 흘리게 될 경우를 대비해서 내가 보험을 든 경우 국가에서 혜택을 주는 것입니다.

그런데 피보험자가 소득이 있는 사람이라면 굳이 내가 보험을 들어줄 필요가 없겠죠. 남편이 맞벌이를 하는 아내를 피보험자로 하는 보험을 들었다면 공제 대상이 아닙니다. 아내도 능력이 있으니 본인의 보험은 본인이 드는 것이 타당하다고 보는 겁니다.

의료비공제

치료 목적으로 지급한 의료비 중 총급여의 3%를 초과한 금액을 공제 대상으로 봅니다. 본인이나 나이가 많은 어르신, 장애인을 위한 치료비의 경우에는 한도를 적용하지 않습니다. 총급여가 4,000만 원이라면 적어도 치료비가 120만 원은 넘어야 세액공제를 받을 수 있습니다. 이 정도면 큰 액수죠.

나이 제한에 적용되거나 소득이 있어서 기본공제 대상자에서 제외되었더라도 의료비공제는 해줍니다. 그래서 대학생인 자녀의 수술비도 공제를 받을 수 있습니다. 다만, 성형수술 등 치료 목적이 아닌 비용은 공제해주지 않습니다.

꼭 기억해야 하는 점은 국세청은 실제로 돈을 지급한 경우에 지급한 사람에게 공제를 해준다는 것입니다. 아버지가 수술을 하셔서 3명의 자녀가 수술비를 분담했다면 아버지의 기본공제를 받는 자녀 1명만이 의료비공제를 받을 수 있습니다. 이때 적용되는 금액은 전체 수술비가 아니라 본인이 부담한 액수입니다.

교육비공제

취학전 아동과 초중고생의 학비, 대학교나 본인의 대학원 학비 등을 공제 대상으로 합니다. 대학생 교육비를 공제할 때 나이는 따지지 않지만, 소득은 따집니다. 보통 사람보다 몇 배는 더 버는 아이돌의 학비를 공제해줄 이유는 없으니까요.

교육의 범위는 나이에 따라 다릅니다. 예를 들면 취학전 아동이 피아노 학원을 다닐 경우 그 학원비는 공제 대상이 되지만, 초등학생의 피아노 학원비는 인정되지 않습니다.

취지를 살펴보면 쉽게 이해할 수 있습니다. 맞벌이 부부는 취학전 아동을 돌보기가 어려우므로 학원의 도움을 받을 수밖에 없습니다. 보육의 개념으로 학원비를 공제 대상으로 본 것입니다. 그렇지만 초등학생이 되면 조금 다릅니다. 여러 학원 중에서 본인의 학습에 도움이 되는 별도의 교육을 선택한 것으로 봅니다. 이 경우에는 혜택을 줄 필요가 없다는 것이 정부의 논리입니다. 물론 유치원생과 초등학교 1학년짜리가 다니는 학원에 무슨 차이가 있냐고 한다면 할 말이 없습니다만, 국가가 공제를 위한 일정한 기준을 정했다고 이해하면 좋을 것 같습니다.

기부금공제, 월세공제

기부금공제

국가 입장에서 기부는 장려할 만한 일입니다. 나라에서 하는 일에 적극적으로 동참하거나 어려운 이웃을 위해서 애쓴다면 세제상으로도 지원을 하는 게 당연한 일입니다. 그렇다고 누구에게나 동일한 방식으로 혜택을 줄 수는 없습니다. 일단 국가에서는 기부금을 종류별로 구분하고 혜택을 줄 대상도 정해두었습니다. 임의로 만든 단체에서 아무리 좋은 일을 하더라도 관리와 감독이 안 되면 사적으로 활용되거나 변질될 수 있기 때문입니다.

기부 대상에 따라 혜택에도 차이가 있습니다. 큰 홍수 같은 재해를 당한 사람들을 위한 기부금은 한도가 없지만, 국가에서 지정한 단체인 보육원에 지급한 기부금은 공제받을 수 있는 금액에 한도가 있습니다. 우리나라 기부금의 상당 부분이 종교기관에 납부되는데, 이런 기부금은 여타 기부금보다 한도가 조금 박하게 설정돼 있습니다.

기부 금액이 한도를 초과하는 경우에는 공제를 받지 못합니다. 좋은 일을 했는데 기분이 나쁘면 안 되겠지요? 그래서 기부금에 대해서는 올해 공제를 못 받았다면 나중에 공제를 받을 수 있도록 이월해주는 제도가 있습니다.

참고로, 기부금을 지급받는 기관에 대해서 예전과 달리 국세청이 엄격한 관리 규정을 적용해나가고 있습니다. 이전처럼 허위 기부금을 통해 공제를 받기는 힘들다는 얘기입니다.

월세공제, 표준세액공제

근로자가 월세를 지급한 경우, 일정한 세율을 곱한 금액에 대해 한도 범위 내에서 세액공제를 해줍니다. 간혹 본인 집이 있으면서 월세로 산다며 공제를 해달라고 신청하는 사람들이 있는데요. 집을 못 구해서 월세를 사는 사람들을 지원해 안정적인 주거로 가도록 돕기 위해 만든 제도인 만큼, 이 취지를 생각해보면 본인은 해당하지 않는다는 점을 쉽게 알 수 있을 것입니다.

집주인이 월세공제를 받지 않을 것을 전제로 계약 체결을 요구하는 일도 간혹 있습니다. 세법에서는 이런 일들을 방지하기 위해서 신고 후에도 나중에 경정청구라는 방식을 통해 세금을 돌려받을 수 있는 제도를 만들어두었습니다. 월세를 사는 기간에는 공제 신청을 하지 못했더라도 나중에 신청해서 공제를 받을 수 있으니 꼭 참고하시기 바랍니다.

덧붙여, 서류를 내는 것이 귀찮거나 금액이 적어서 서류를 제출한 적이 없는 사람들을 위해 법에서 정한 금액을 표준세액으로 공제해주는 제도도 있다는 점 기억해두세요.

국세청의
공격 포인트

생색만
내는
공제가
많다

직접
계산하고
준비해야
한 푼이라도
아낀다!

생각만큼
세금은 줄지 않는다

처음부터 근로자를 위한 공제 항목들이 세액공제로 존재하지는 않았습니다. 대부분은 소득공제였는데 조항을 조정해서 세액공제로 바꾸었습니다. 혹시 기억하실지 모르겠는데, 2015년에는 연말정산을 두 번 하는 초유의 사태가 벌어졌죠. 처음에는 아무것도 몰랐던 근로자들이 세금이 폭증했다고 집단으로 항의하자 급하게 공제금액을 늘리고 연말정산을 다시 한 것입니다.

예를 들어보겠습니다. 대학생인 딸과 고등학생인 아들을 둔 근로자가 학비로 각각 1,000만 원과 100만 원을 지불했습니다. 세법에서는 대학생 자녀와 고등학생 자녀에게 각각 다른 한도를 적용합니다. 대학생은 900만 원, 고등학생은 300만 원이죠. 앞서 봤듯이, 이 사례에서 공제가 가능한 금액은 대학생 900만 원, 고등학생 100만 원으로 총 1,000만 원입니다.

이전 제도인 소득공제에 따르면 1,000만 원에 자신의 세율을 곱한 금액만큼 혜택을 봅니다. 6%라면 60만 원을, 40%라면 400만 원의 세금을 덜 낼 수 있죠. 그런데 이를 세액공제로 적용하면 공제 대상 금액 1,000만 원에 일정한 비율을 곱한 금액에 대해 소득 불문하고 모두가 동일하게 혜택을 봅니다. 예를 들어 그 비율이 15%라면 누구나 150만 원의 혜택을 볼 수 있는 것입니다.

여기서 어떤 문제가 발생하나요? 이전에 400만 원의 혜택을 보던 사람은 확실하게 150만 원으로 혜택이 줄었죠. 그런데 60만 원의 혜택을 보던 사람이 확실하게 150만 원의 혜택을 보게 되는 건 아닙니다. 소득이 적어서 세금을 낼 금액이 많지 않다면 오히려 혜택을 덜 보게 될 수도 있습니다. 이런 이유로 확실하게 혜택이 줄어든 유리지갑들이 들고일어났던 겁니다.

쓴 돈만큼 세금이 감소하는 것이 아니다

어디 가든 홍보 문구에 혹해서 구매하면 늘 후회하게 되죠. 국세청이 홍보하는 문구도 곧이 곧대로 받아들이면 안 됩니다. 카드를 사용하면 세금 혜택을 준다고 합니다. 현금영수증은 혜택을 2배로 준다고 합니다. 정말 그럴까요?

연봉이 4,000만 원 정도 된다고 가정해봅시다. 그리고 카드를 900만 원 정도 사용했습니다. 얼마나 많이 썼습니까? 그런데 세금 혜택은 단 한 푼도 받지 못합니다. 일단은 신용카드 공제는 4,000만 원의 25%인 1,000만 원 정도를 사용 금액에서 우선 차감합니다. 따라서 900만 원을 사용했다면 한 푼도 혜택을 보지 못하는 겁니다. 그럼 2,000만 원을 사용하면 세금이 1,000만 원만큼 줄까요? 그렇지 않습니다. 2,000만 원에서 1,000만 원을 공제한 1,000만 원에 15%를 곱한 금액인 150만 원을 소득에서 공제해줍니다. 15%의 세율을 적용받는 사람이라면 22만 5,000원의 혜택을 보는 것입니다.

2,000만 원을 쓸 때 세제상의 혜택을 볼 것으로 기대하며 절약한다는 느낌도 가졌겠지만, 실질적인 혜택을 계산해본 사람들은 많지 않은 듯합니다. 그냥 막연하게 혜택을 기대할 뿐이죠.

그렇다면 직불카드나 현금영수증을 쓸 경우 혜택이 더 크지 않을까요? 15% 대신에 30%를 공제해주니 300만 원까지 혜택을 보게 됩니다. 즉, 45만 원의 혜택을 봅니다. 지불 방법을 바꾼 것만으로도 2배 정도의 효과를 보게 되었습니다만, 안타깝게도 이게 최고치입니다.

900만 원을 직불카드나 현금영수증으로 사용하면 앞에서 살펴본 최저한도에 미달해서 혜택을 한 푼도 못 받습니다.

또 연봉 4,000만 원인 근로자가 3,000만 원을 직불카드로 사용하면 공제액이 확 늘어날 것 같지 않습니까? 3,000만 원에서 1,000만 원을 차감한 2,000만 원에 30%인 600만 원의 소득 공제를 받을 것으로 예상하겠지만, 소득공제에는 한도가 있습니다. 300만 원까지만 공제가 되므로 2,000만 원이 넘는 순간부터 지출하는 모든 돈은 공제 혜택과 무관해집니다.

결국 우리는 900만 원어치를 카드로 쓰고도 혜택을 한 푼도 못 받는 일을 피하고, 3,000만 원이 아니라 2,000만 원까지만 직불카드를 사용하는 전략을 공부해야 한다는 의미입니다.

직접 계산하고 준비해야 한 푼이라도 아낀다

근로소득자에게 절세란 결국 연말정산을 잘 준비한다는 의미라고 할 수 있습니다.

매년 숙제처럼 연말정산을 준비하면서 이런저런 생각이 들 것입니다. 가장 많이 드는 생각은 아마도 억울함이 아닐까 싶습니다. 세금을 내는 것 자체가 억울하기도 하지만, 기껏 열심히 준비했는데도 세금이 속 시원할 정도로 줄지는 않으니까요.

그나마 언론에서 알려주는 절세 방법은 카드 대신 직불카드를 쓰고 금융상품에 가입하라는 것입니다. 하지만 연봉에 가까운 금액을 카드로 써봤자 얼마 안 되는 돈을 돌려받을 뿐이죠. 심지어는 금융기관에서 안내를 받아 가입한 상품에서 손실이 발생해 배보다 배꼽이 더 커졌다는 이야기도 들려오니 심란하기 짝이 없습니다.

연도 중에 미리미리 꼼꼼히 준비하노라고 했지만, 막상 연말정산이 코앞에 닥치니 당장 해야 할 것들을 정리하기가 쉽지 않다는 사람들이 많습니다. 직장인이 세금을 줄이기 위해 꼭 알아야 할 것들을 몇 가지 정리해봤습니다.

연말정산 준비는 개정된 항목 확인부터

처음 준비하는 사람이라면 연말정산이 무엇인지부터 공부해야 합니다. 이 책에서 다룬 정도면 충분합니다. 한번 복습해볼까요? 연말정산은 세금을 정산하는 일입니다. 매달 월급을 받을 때 미리 세금으로 낸 돈과 국세청에서 올해 내야 한다고 말하는 돈의 차이를 정산하는 것입니다. 간단하죠?

그 간단한 일이 이렇게 복잡해진 이유는 국가가 개인 사정을 고려해 1년 동안 사용한 돈 중 일부에 대해 세제상의 혜택을 주는데 이 항목이 매년 개정되기 때문입니다. 연말정산이 다가오면 전년도에 비해서 어떤 부분이 강화되고 변경되었는지 언론을 통해 지겹도록 들을 수 있을 것입니다. 회사에서도 이런 내용을 정리해서 알려줍니다. 그 정보를 꼼꼼히 살펴 내 것으로 만들어야 합니다.

서류를 챙기는 것이 연말정산의 핵심

어떤 항목이 세금을 줄여주는지는 인터넷에서 조금만 찾아보면 금방 알 수 있습니다. 그리고 이런 항목들은 회사에서 제출을 요구하는 등본 등의 서류나 국세청에서 조회가 가능한 자료를 통해 대부분 입증할 수 있습니다.

문제는 모든 항목이 조회되는 것이 아니고, 심지어는 국세청 자료에서 조회되지 않거나 사실과 다른 자료가 조회될 수도 있다는 점입니다. 안경이나 교복 구입비, 취학전 자녀의 학원비, 수학여행비, 일부 기부금 등은 연말정산 간소화 서비스에서 조회되지 않을 수 있습니다. 의료비도 아예 누락되거나 사실과 다른 자료가 포함될 수 있습니다.

그러므로 지금부터는 내가 사용한 항목 중에서 연말정산을 받을 수 있는 항목을 살펴보고 미리미리 서류를 챙겨놓아야 합니다. 국세청에서 자료를 다운받아 누락된 항목이 있는지도 꼼꼼하게 살펴야 합니다. 특히 이런 파일들은 별도로 공제신고서 등을 작성해서 회사 프로그램에 입력해야 하는 경우도 많으니, 서류만 제출하고 신고서에서 빠뜨리는 일이 없도록 주의해야 합니다.

공부하자! 세금이 줄어든다!

국세청에서 다운받은 파일과 추가 서류를 회사에 내고 전산 입력을 마치고 나면 매우 긴장되죠. 다들 맨 마지막 줄을 봅니다. 얼마를 환급해줄지, 혹여 추가로 납부하라고 날벼락이 떨어지진 않을지 긴장하면서 말입니다. 상당히 안타까운 모습입니다. 이런 일을 피하려면 내라는 서류를 다 준비해서 내기 전에 그 서류들이 어떤 영향을 미칠지 미리미리 공부해둬야 합니다.

똑같이 기부를 하더라도 교회나 절에 내는 돈, 굿네이버스에 내는 돈, 사회복지공동모금회에 내는 돈, 정당에 내는 돈이 세무상으로는 모두 다르게 처리됩니다. 정치헌금은 10만 원까지는 100% 세금으로 돌려받지만 종교기관에 기부한 돈은 근로소득금액의 10% 범위 내에서만 세금으로 돌려받습니다.

어떤 항목이 어느 정도의 혜택을 주는지 모르는 채 되는대로 서류만 제출하고 결과를 기다린다면 효율적으로 세금을 줄일 기회를 날려버릴 수도 있습니다. 연말정산과 관련된 주요 항목들을 공부하고 미리 준비해서 세금을 최대한 줄이도록 노력해야 합니다.

미리 계산하고 궁금하면 물어보자, 국세청을 활용하자

그렇다고 우리가 세무사도 아닌데 절세 항목과 요건들을 일일이 암기해야 할까요? 아닙니다. 미리 자료를 찾아보고 금액별로 얼마까지 인정받을 수 있는지, 특정 항목으로 얼마나 현금으로 돌려받을 수 있는지 계산해보는 것으로 족합니다. 연말정산 시즌에 포털 사이트에서 '연말정산 자동계산'이라고 입력하면 곧장 국세청 링크가 뜰 겁니다. 거기에 연봉과 해당 항목을 입력하면 세금을 얼마나 공제받을 수 있는지 직접 계산할 수 있습니다. 암기할 필요가 없다는 말입니다.

의료비는 연봉의 3%가 넘는 금액이 공제 대상이고 신용카드공제도 총급여의 25%를 초과하는 경우에 가능하니, 맞벌이 부부인 경우 의료비와 카드 대금을 근로소득이 적은 사람에게 몰아주는 것이 보통은 유리합니다. 그런데 부부 중 근로소득이 많은 쪽은 소득이 아주 많아서 세율이 높고 적은 쪽은 면세 대상이어서 어차피 내는 세금이 없다면, 이런 룰은 적용하기가 어렵습니다. 그럴 때 국세청 홈페이지에 들어가 한쪽으로 몰아준 경우와 나눈 경우의 세금을 직접 비교해보면 최적의 대안을 고를 수 있을 것입니다.

국세청에서는 이런 모의 계산기 이외에도 다양한 참고 자료를 제공하고 있습니다. 또 126번으로 전화를 걸어 궁금한 점을 질문하면 친절하게 답변해주니 연말정산에 큰 도움이 될 것입니다.

국세청을 활용해야 합니다. 작은 권리도 활용하지 않으면 소리 없이 사라집니다. 꼼꼼하게 활용해서 최대로 환급받으시기를 바랍니다.

공부하자!

개정사항부터!

궁금하면

국세청을 활용하자!

PART 4

어렵지만 중요한 법인세

QUICK GUIDE

법인이 사업을 통해서 돈을 벌면 소득이 생깁니다. 법인소득을 기준으로 납부하는 세금이 법인(소득)세입니다.

회계에서 인정된 비용일지라도 정부가 공평과세를 이유로 부인할 수 있습니다. 과세관청이 나와 의견이 다를 수 있는 만큼 큰 비용이 쟁점이 되면 세금 부담이 급증할 수 있습니다.

증빙을 잘 챙기고, 세법이 주목하는 '친한 사람들과의 거래'를 조심해야 합니다.

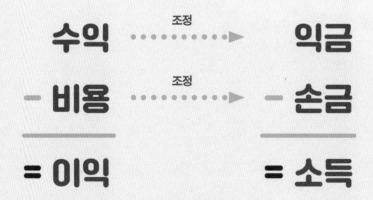

수익 ·······조정·······▶ 익금

- 비용 ·······조정·······▶ - 손금

= 이익   = 소득

1.   국세청은 우리와 생각이 다르다.
2.   보수적으로 처리하자.
3.   증빙 잘 챙기자.
4. 친한 사람들과 거래할 때 조심하자.

Key Point

법인(소득)세의 특성

법인과 소득의 종류

법인세는 법인(소득)세의 준말입니다. 법인이 번 소득에 대해서 세금을 내라는 뜻이죠. 세법을 공부할 때 초반에 법인의 종류와 소득의 종류에 대해서 배우는데, 정말 너무 어렵습니다. 하지만 회사가 그걸 전부 알 필요는 없습니다. '내국 영리법인'과 '각사업연도소득'이라는 개념만 알면 충분합니다.

내국 영리법인

쉽게 가봅시다. 회사는 개인이 아닙니다. 뭔가를 할 수 있는 권리가 법에 의해서 부여된 주체입니다. 법인은 설립 목적이나 실질적인 관리 주체의 위치에 따라서 다양한 규제를 적용받습니다.

우리가 몸담고 있는 회사는 대부분 등록지가 대한민국이고 돈을 버는 것을 목적으로 하는 법인입니다. 외국계 회사라고 하더라도 주주가 외국인일 뿐 등기부상의 본점이 국내에 있으면 내국 법인이 됩니다. 내국 법인에 대해서는 국내에서 번 돈과 해외에서 번 돈을 모두 국내에서 과세합니다. 외국에서 낸 세금이 있다면 물론 공제를 해줍니다.

학술·종교 등의 비영리법인은 본연의 사업만 하면 세금 문제가 발생하지 않습니다. 물론 영리사업을 하면 문제가 되겠지만, 대부분은 별도의 영리법인을 설립해서 하니 일반적으로 소득으로 인한 세금 문제는 많지 않습니다. 결국 세금 문제를 걱정하는 회사는 대부분 내국 영리법인이라고 볼 수 있습니다.*

---

* 구체적인 예를 들어보겠습니다. 삼성전자는 본점이 한국에 있고 영리사업을 목적으로 하니 내국 영리법인입니다. 따라서 국내외에서 발생한 모든 소득에 대해 국내에서 납세의무를 집니다.

연세대학교에서 우유를 팔기로 했다고 가정해봅시다. 별도의 법인을 설립해서 판다면 영리법인으로 과세가 되지만, 별도 법인 없이 연세대학교에서 판매한다면 다른 우유회사와 형평을 맞추기 위해서 과세를 하게 됩니다.

외국 법인인 디즈니랜드가 미국에서만 사업을 한다면 우리나라와 관련이 없습니다. 그런데 국내에서 디즈니랜드가 벌어 가는 돈이 있다면 국내에서도 과세를 할 수 있습니다. 문제는 미국에서도 과세를 할 것이기 때문에 누구에게 우선권이 있는지 다투어야 한다는 것입니다. 이때 검토하는 것이 조세조약입니다. 조세조약상 국내에서 과세할 권리가 있다면 디즈니랜드가 국내에서 번 돈에 대해 세금을 부과할 수 있습니다.

98

각사업연도소득

회사가 벌어들이는 돈, 즉 소득에는 여러 종류가 있겠지만 국가의 가장 큰 관심은 본업에서 벌어들인 돈입니다. 세금은 보통 사업연도인 1년 단위로 내죠. 각각의 사업연도에 본업에서 발생한 소득이 우리가 공부할 소득입니다. 이를 '각사업연도소득'이라고 합니다.*

　결국 법인세는 '내국 영리법인이 1년 동안 사업을 통해서 얻은 소득에 대해 내는 세금'이라고 정의할 수 있습니다.

* 법인은 부동산을 팔 때나 청산을 할 때, 규모가 큰 법인들의 경우에는 사내에 과도한 자금을 유보하고 투자나 임금 등으로 사용하지 않는 경우에 일정한 법인세를 더 냅니다.

법인의 소득이 회계상 이익인 것은 아니다

세금을 계산하는 방법은 간단합니다. 번 돈에 대한 세금을 내라고 했으니 회사에서 번 돈을 모두 더해 세율을 곱하면 됩니다. 우리는 회사가 돈을 얼마나 벌었는지 알고 있습니다. 이익이 죠. 그런데 안타깝게도 세법에서는 회계상의 이익을 기준으로 세금을 부과할 수 없습니다.

예를 들어보겠습니다. 친구 A와 B가 부업으로 주말에 웨딩 촬영을 합니다. 두 사람은 각각 1,000만 원짜리 카메라를 구매했고 1년 동안 번 돈을 계산해보니 각각 1,500만 원입니다.

이제 세금을 내야 합니다. 앞서 설명했듯이, 세금은 수익이 아니라 비용을 차감한 소득을 기준으로 부과합니다. 그런데 수익은 명확하지만, 비용은 모호해요.

1,000만 원짜리 카메라를 A는 2년 동안 사용할 계획이고, B는 5년 동안 사용하려고 생각하고 있습니다. A는 조금 부주의한 성격이라 2년 이내에 카메라를 떨어뜨려서 고장 낼 수도 있다고 생각하고, B는 5년 정도가 지나면 기계의 성능이나 기능이 뒤처질 것으로 예상한 겁니다.

가지고 있는 카메라의 가치 감소를 측정하는 방법은 다양하지만, 회계상에서는 취득가액을 보통 사용할 수 있는 연수로 나눈 금액을 비용(감가상각비)으로 잡아놓습니다. 이에 따르면 A는 감가상각비로 '1,000만 원 ÷ 2년 = 500만 원'을 경비로, B는 '1,000만 원 ÷ 5년 = 200만 원'을 경비로 생각한 셈입니다.

수익에서 비용을 차감한 이익을 구해봅시다. 편의상 세율을 10%로 가정하고, 이익에 세율을 곱해서 세금을 계산해보겠습니다.

소득 × 세율 = 세금

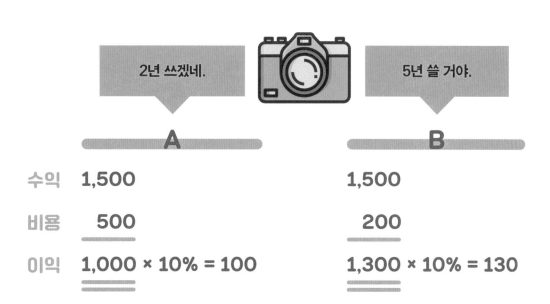

세법상 소득

1년 동안 고객에게 받은 돈이 둘 다 똑같이 1,500만 원이라면 A의 이익은 수익 1,500만 원에서 비용 500만 원을 차감한 1,000만 원이 됩니다. 한편 B는 수익은 동일하지만 비용이 200만 원이어서 이익은 1,300만 원이 되죠. 앞서 살펴본 바와 같이 세금은 소득에 세율을 곱한 것입니다. 세율을 10%로 가정하면 A는 '1000만 원 × 10% = 100만 원'의 세금을, B는 '1,300만 원 × 10% = 130만 원'의 세금을 내게 됩니다.

두 친구가 설날에 만나서 술을 한잔하면서 서로의 세금을 확인했습니다. 아마 싸움이 일어나지 않을까요? 매출액도 같고 장비도 같은데 자산의 사용에 대한 추정치의 차이만을 이유로 실제로 세금을 더 냈으니 B가 흥분할 수밖에 없겠죠. 특히 A가 실제로는 카메라를 망가뜨리지 않고 5년 동안 잘 쓰고 있다면 더 분통이 터질 것입니다.

회계와 세법의 차이 조정

회계는 회사를 수치화하는 것입니다. 그러다 보니 회사가 가장 근사치에 닿도록 다양한 가정과 추정이 허용됩니다. 하지만 세금은 그와 다릅니다.

세금은 공평한 과세가 가장 중요한 덕목입니다. 앞 사례에서 두 친구 간의 분쟁을 해결할 방법은 없을까요? 있습니다. 공평하게 과세하도록 룰을 정하는 것입니다. '앞으로 카메라는 무조건 5년 동안 상각하기로 한다'라는 식의 가정을 정해놓는다면 분쟁은 발생하지 않을 것입니다. 그 룰의 이름이 세법입니다.

룰이 5년이라면 B는 아무런 문제가 없지만 A의 세무상 이익은 다시 계산되어야 합니다. 여기에는 처음부터 다시 계산하는 방식과 차이를 조정하는 방식 등 두 가지가 있습니다.

수익	1,500	이익	1,000
비용	200	조정	300
이익	1,300 × 10% = 130		1,300 × 10% = 130

❶은 A의 장부를 다시 작성하는 것입니다. 수익을 1,500만 원이라고 적고 비용을 500만 원 대신 200만 원이라고 적은 다음 이익을 1,300만 원으로 수정하는 방법입니다.

❷는 차이를 조정하는 방식입니다. A가 처음부터 끝까지 잘못한 것이 아닙니다. 회계에서 감가상각비로 500만 원을 적었는데 세무서에서는 200만 원만큼만 인정된다고 하니 그 차이 부분만 조정하는 것입니다. 이익을 기준으로 생각하자면, 회계상 이익인 1,000만 원에 취소된 비용 300만 원을 더해주면 됩니다. 비용은 '빼기'이고 이 빼기를 취소하는 것은 더하기가 되니까요.

당신 같으면 둘 중 어떤 방법을 고르시겠습니까? 대부분은 1번을 고를 겁니다. 그런데 이건 매우 번거로운 일입니다. 회계상의 장부를 만들기 위해 했던 작업을 세무 기준으로 한 번 더 해야 하기 때문입니다. 실제로 회계와 세법은 차이가 나는 부분이 많지 않습니다. 이 사례에서도 매출액은 세무와 회계상으로 일치해서 별도의 조정이 없습니다. 대부분의 자료는 회계와 세무가 일치할 테니 현실적으로는 차이를 조정해주는 것이 훨씬 더 효율적입니다.

세무조정의 원리

회계에서 이익을 계산하는 방법은 수익에서 비용을 차감하는 것입니다. 그런데 세법은 공평 과세를 목표로 일부를 인정하지 않는다는 차이점이 있습니다. 다르게 말하면 세법에는 회계 와 구분되는 자체 수익 기준과 비용 기준이 있다는 얘기입니다.

이쯤에서 용어를 정리해봅시다. 회계상 수익은 세법에서 '익금'이라고 부르고 비용은 '손 금'이라고 부릅니다. 회계상 이익은 '각사업연도소득'이라고 부릅니다. 앞에서 살펴본 과정 이 각사업연도소득을 구하는 두 가지 방식을 설명한 것이었고요.

① 익금 1,500만 원에서 손금 200만 원을 뺀 것이
   첫 번째 방법
② 이익 1,000만 원에서 차이 300만 원을 조정해준 것이
   두 번째 방법

회계	세법	① 처음부터 다시
수익	익금	
비용	손금	
이익	각사업연도소득	

② 차이 조정

세무조정은 차이 조정

회계상 이익을 세무상의 이익으로 바꾸는 세무조정

회계상의 숫자를 세법상의 숫자로 바꾸는 과정을 '세무조정'이라고 부릅니다.

앞의 사례를 살펴보면 회계상 수익이 1,500만 원이고 세무상의 익금도 1,500만 원이니 차이가 없습니다. 따라서 조정할 것이 없죠.

하지만 비용은 다릅니다. 회계는 2년 상각이라 비용으로 500만 원을 잡았지만 세법에서는 5년 상각을 강제해서 200만 원을 손금으로 봤습니다. 차이가 발생했으니 조정을 해주어야 합니다. 다시 말해 비용을 취소해야 합니다.

조정 연습

회계상의 비용을 취소하면 차감 항목이 줄어듭니다. 차감 항목이 줄어들면 이익은 증가하죠. 이 사례에서 이익을 300만 원 증가시키면 세법상 이익인 소득금액은 1,300만 원이 됩니다.

	A 회계상 이익	A 세법상 이익	
수익	1,500	1,500	익금
비용	- 500	- 200	손금
		+300	
이익	1,000	1,300	각사업연도소득

차이 조정

이런 조정 사항을 '손금불산입'이라고 부릅니다. 용어가 거친 점 양해해주시기 바랍니다. 제가 만든 건 아니지만, 너무 오랫동안 쓰다 보니 바꿀 수 없는 용어가 되어버렸습니다. 실무에서 '손불처리된다'라는 말을 들어본 적이 있을 텐데, 이게 바로 그 녀석입니다. '비용에서 손금으로 가고 싶었지만 못 간 비용이다'라고 이해하면 좋겠습니다. 회계상으로는 비용처리가 되지만 세무에서 인정되지 않는 항목입니다.

네 가지 세무조정

세무조정의 네 가지 항목을 정리하면 다음과 같습니다.

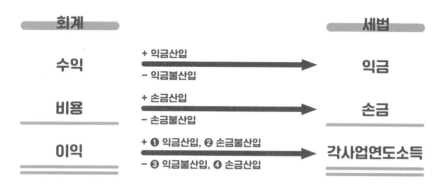

회계에서는 수익으로 보지 않았지만 세법에서는 익금으로 보아서 가산한 ① 익금산입, 회계에서는 수익으로 보았으나 세법에서는 인정하지 않는 ③ 익금불산입, 회계에서는 비용 처리가 되지 못했지만 세법에서는 손금으로 인정하는 ④ 손금산입, 회계에서는 비용처리가 되었지만 세법에서는 인정하지 않는 ② 손금불산입. 말만 들어도 정신이 없죠? 구체적인 사례를 들어 설명하겠습니다.

❶ 익금산입

여기 건물 2채가 있습니다. 하나는 월세를 주고 하나는 전세를 줬습니다. 그런데 월세 준 건물주가 불만을 제기합니다. 자기는 월세를 받아 꼬박꼬박 세금 내는데 왜 저 사람은 세금을 안 내느냐는 겁니다. 저 사람도 보증금을 굴려서 돈을 벌고 있다는 거죠. 일리가 있는 얘기입니다.

그래서 세법이 정했습니다. 보증금에 일정한 비율을 곱한 금액을 임대료로 간주하도록 한 것입니다. 이것이 '간주임대료'입니다.

회사의 장부를 살펴보면 전세로 임대를 준 사람의 장부에는 어떤 수익도 기록되어 있지 않습니다. 그런데 세법에서는 세금을 내라고 합니다. 이럴 땐 어떻게 해야 할까요? 장부에 없는 소득을 세무상 익금으로 만들어 넣어야 하겠지요? 이걸 '익금산입'이라고 합니다.

❸ 익금불산입

② 손금불산입에 앞서 ③ 익금불산입을 살펴보겠습니다. 회계에서는 일정한 요건을 갖춘 자산에 대해서 평가이익을 인정해줍니다. 그런데 세법에서는 이런 평가이익을 대부분 인정하지 않습니다. 평가이익은 세금을 더 내는 것인데 왜 인정하지 않을까요?

예를 들어보겠습니다. 어떤 회사가 한정판 스포츠카를 가지고 있습니다. 구입 가격은 10억 원인데 요즘 인기가 많아져서 시세가 15억 원 정도 합니다. 회사는 회계상 평가이익을 5억 원으로 계상했습니다.

하지만 이런 평가이익을 세법에서는 인정하지 않습니다. 국세청은 납세자가 이런 방식으로 납세 시기를 선택하는 것을 매우 싫어합니다. 그래서 회사가 계상한 임의적인 평가이익을 인정하지 않죠. 이를 어려운 말로 '권리의무 확정주의'*라고 하는데 법인세의 근간을 이루는 아주 중요한 개념입니다. '세법은 실현되기 전에는 인정하지 않는다'라는 관점에서 이해하면 좋을 것 같습니다.

❹ 손금산입, ❷ 손금불산입

회계에서 비용을 계상하지 않았는데 비용으로 처리해주는 경우는 많지 않으니 ④ 손금산입은 넘어가죠.

이제 네 가지 세무조정 중 국세청이 가장 신경을 많이 쓰는 세무조정만 남았습니다. 바로, 손금불산입입니다. 세금을 깎아주는 익금불산입이나 손금산입은 상대적으로 신경을 덜 쓸 것 같고 익금산입이나 손금불산입을 더 신경 쓸 것 같은데, 둘 중 국세청 입장에서 더 쉬운 건 무엇일까요? 당연히 '손금불산입'입니다.

월세를 받은 것이 하나도 없는데 세금을 내라고 하면 좋다고 할 사람이 있을까요? 아마 없겠죠. 그래서 간주임대료는 엄격한 규정을 정해 이에 해당하는 경우에만 제한적으로 적용합

---

* 권리의무 확정주의
세법에서 군소리 안 하고 이 평가이익을 인정하면 그만큼 세금을 더 받을 수 있는데 왜 인정하지 않을까요?
문제는 이 회사가 사업에서 5억 원의 적자를 봤다고 하면 세금으로 낼 돈이 없다는 것입니다. + 5억 원과 -5억 원을 합치면 0이 되니까요. 즉 어차피 적자이니 평가이익이 얼마든 5억 원만 넘지 않는다면 올해는 부담할 세금이 없습니다.
그 후 시간이 제법 지났습니다. 회사의 이익이 늘어 왠지 세금을 많이 낼 것 같습니다. 그때 회사에서 이 차를 팔았다고 가정해봅시다. 15억 원에 팔려도 좋지만, 10억 원에 팔려도 회사는 그다지 화를 내지 않을 겁니다. 본전이기도 하지만, 장부가가 15억 원인 차를 10억 원에 매도했으니 5억 원만큼 손실이 나올 것이고 그만큼 세금을 덜 낼 수 있기 때문입니다.
이런 구조를 악용하면 선택적인 과세 설계가 가능해집니다. 적자가 날 때는 평가이익을 잡고 흑자일 때는 매각을 해서 세금을 피해 가는 방식이 그 예입니다. 그래서 국세청에서 평가이익을 인정하지 않는 거죠.

니다.

장부에도 없는 소득을 과세하기보다는 이미 회사가 깎아달라고 신청한 경비에 대해서 시비를 거는 것이 훨씬 이기기 쉬운 싸움이니까요. 그래서 법인세 내용 중 우리가 관심을 가져야 하는 항목은 손금불산입이 대부분입니다.

손금불산입은 사기성 비용과 한도초과액이 주가 되는데, 이 부분은 국세청이 세무조사 때 집중적으로 공략하는 비용입니다. 주의할 사항과 대비 방안을 지금부터 살펴보겠습니다.

주요 세무조정

법인세는 법인이 번 돈, 즉 세법상의 소득을 기준으로 세금을 부과하는데 이 소득을 따로 구하지 않고 회계상의 이익을 조정하는 방식으로 계산한다고 설명했습니다. 이렇게 조정하는 방식을 '세무조정'이라고 했죠.

세무조정 항목에는 가산 항목과 차감 항목이 있습니다. 이렇게 세법상의 소득을 구했으니 세율만 곱하면 세금을 알 수 있겠지요.

앞에서 네 가지 조정을 살펴봤는데, 다들 이름이 어려웠죠? 어쨌든 국세청은 몇 번을 가장 신경 쓸 것 같습니까?

저는 ②번 손금불산입인 것 같습니다. 일단 세금을 더 거두는 데 관심이 많을 테니 익금산입 아니면 손금불산입에 더 신경을 쓰겠죠. 그중에서도 장부에 없는 수익에 대해서 세금을 내라고 하는 것보다는 회사가 깎아달라고 신청한 비용 중에서 일부를 부인하는 것이 더 쉬워 보입니다. 자고로 창조보다는 비평이 쉬운 법이니까요.

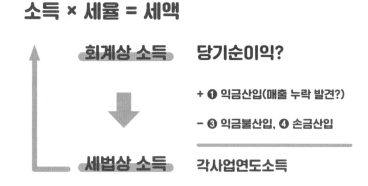

손금불산입

세금을 공부해서 절세할 수 있는 부분을 살펴보고 발생할 위험을 피하는 것을 이 책의 목표로 정의한 바 있습니다. 안타깝게도 법인세에서 혜택을 볼 수 있는 세액공제와 감면 등의 내용은 일반인들이 확인하기에는 지나치게 전문적이고 어렵습니다.

그래서 우선 법인세 계산 시 발생할 수 있는 위험성을 먼저 살펴보고자 합니다. 이 중에서 가장 큰 위험이 무엇이냐고 묻는다면 저는 경비처리 관련 위험을 꼽겠습니다.

국세청 입장에서 세금을 거두려면 회사가 장부에 반영하지 않은 숨긴 매출을 잡아내든가 회사가 장부에 적은 비용에 시비를 걸어서 최소 금액만 인정되게 해야 합니다. 숨겨놓은 매출을 찾는 것은 매우 어렵지만 신청한 여러 가지 경비 항목에 시비를 거는 것은 상대적으로 쉬우니까요.

그렇다고 무턱대고 시비를 걸 수는 없습니다. 명분이 필요하죠. 국세청은 두 가지 포인트로 경비를 인정하지 않습니다. 사기성 비용과 한도초과액입니다.

손금불산입: 사기성 비용

사기성 비용

예를 들어보겠습니다. '채권자 불분명 사채이자'라는 항목이 있습니다. 채권자가 누구인지 모른다면 이자를 줄 수 있을까요? 이자를 지급했다면 누가 채권자인지 회사는 당연히 안다는 얘기입니다. 모르면 못 주는 것이고, 줬다는 안다는 거죠. '채권자 불분명 사채이자'는 말이 안 되는 항목입니다. 그런데 세법에서는 이걸 왜 규정해놓았을까요?

바로 사채업자들 때문입니다. 아버지를 아버지라 부르지 못하고 형을 형이라고 부르지 못하는 것처럼, 채권자를 채권자로 부르지 못하는 겁니다. 이자를 받아 가는 것을 알면 국세청이 세금을 많이 부과할 테니 사채업자들이 채무자에게 본인들 신원을 밝히지 말라고 요청하는 것이지요. 국가 입장에서는 이런 비용을 인정해줄 필요가 있겠습니까? 이런 비용이 바로 사기성 비용입니다.

대표적인 예로는 회사가 지급한 벌금, 가산금, 벌과금. 증빙이 없는 접대비, 비자금으로 지급한 뇌물 등을 들 수 있습니다.

직장생활에서 이런 비용은 크게 문제가 되지 않습니다. 쓰는 순간 세무상 문제가 있다는 것을 직감할 수 있기 때문입니다. 예전에 '기밀비'라는 항목의 비용이 있었습니다. 돈은 나갔는데 증빙이 없는 항목을 지칭했는데, 기밀비를 지출한 사람들이 세무상으로 인정될 것이라고 기대하는 일은 많지 않아서 세무상으로 큰 문제가 되진 않았습니다.

NO 채권자 불분명 사채이자?

모르면 못 줌

줬다면 아는 것임

손금불산입: 한도초과액

한도초과액

문제는 세상에 모호한 항목이 많다는 겁니다. 한 가지 질문을 해보겠습니다. '접대비'라는 단어를 들으면 어떤 느낌이 드나요? 약간 찝찝하지 않은가요? 국세청이라면 이런 접대비를 인정하고 싶을까요? 아닐 겁니다. 그렇다고 국세청이 사기성 비용으로 전액 부인하기도 어렵습니다.

제가 당신의 사무실에 놀러 가면 쿠키와 커피 한 잔은 주시지 않을까요? 이것이 접대비입니다. 세법의 정의에 따르면 '업무와 관련해서 특정인에게 혜택을 준 것'이 접대비거든요. 업무상 만났고 제가 특정이 되어서 혜택을 본 것이라면 저는 접대를 받은 것입니다. 세무상 이 금액을 인정하는 데에는 이견이 없을 것입니다.

그렇다고 접대비를 무조건 인정하는 것도 편하지는 않습니다. 고객과 소주 한잔했습니다. 당연히 업무상 비용으로 인정해주어야 한다고 생각하는 사람도 있겠지만, 국가가 세금까지 써가면서 인정해줄 부분은 아니라고 생각하는 사람도 있을 겁니다. 그럼 제가 고객에게 명품 가방을 선물했다면 어떨까요? 이건 정말 아니라고 보는 사람이 많겠죠. 문제는 회사마다 상황이 다양하고 판단하기에 모호한 부분이 많다는 것입니다.

국세청이 여기서 묘수를 냅니다. '접대비를 세무상 인정은 하겠다. 하지만 일정한 한도까지만 인정해주겠다. 네 상황에 따라서 다양하게 접대를 하더라도 나는 일정한 한도만 인정해줄 테니 밥을 먹든 술을 먹든 그 안에서 해결해라.' 이게 국세청의 입장입니다.

국세청은 그 밖의 다양한 항목에 대해서도 한도액으로 규제합니다. 접대비 외에 기부금, 감가상각비, 대손충당금 등이 모두 한도액으로 규제되죠.

여기까지 설명하면 그 한도액을 계산하려고 하는 분들이 많은데요, 이건 알 필요가 없습니다. 회사마다 접대비의 한도가 다 다르거든요. 세법에서는 매출액이 크면 접대비를 사용할 일이 많다고 간주하므로 매출액의 크기에 따라서 한도액이 바뀝니다.

우리가 알아야 할 것은 부서별로 쓸 수 있는 접대비 예산이지 세무상 접대비 한도액을 계산하는 공식이 아닙니다. 공부한다고 한도액이 늘어나는 것도 아니니 전체 규모 중 우리 부서에서 쓸 수 있는 한도를 아는 것이 더 중요합니다. 각자의 한도를 숙지해서 세무상 인정받는 것이 공식을 암기하는 것보다 훨씬 중요하다는 뜻입니다.

경비 인정이 안 되면 소득세 문제도 생긴다

경비가 인정되지 않으면 또 다른 문제가 발생할 수 있습니다.

예를 들어보겠습니다. 회사에서 생판 모르는 사람에게 증빙 없이 10억 원을 지급했다면 국세청이 비용으로 인정해주기는 어려울 것입니다. 그런데 이 돈을 받아 간 사람이 누구인지 확실하고 이를 국세청이 안다면, 어떤 상황이 벌어질까요? 국세청은 그에게 추가적인 과세를 하고 싶어 할 겁니다. 만약 회사가 누구에게 줬는지 밝히기 싫어한다면, 대표자에게 책임을 물어서라도 돈을 받아내려고 할 것입니다.

법인세가 무서운 이유는 이처럼 법인세의 문제로 끝나지 않고 소득세로 연결될 수 있기 때문입니다.

세법상 비용의 구분과 처리

비용의 구분

세법은 그 자신만의 눈으로 회사를 봅니다. 비용 구분에도 나름의 기준이 있는데 조금 모호합니다. 그리고 그 모호한 구분 때문에 세법상의 취급도 매우 큰 차이를 보입니다.

먼저, 비용은 대외적인 경비와 대내적인 경비로 구분됩니다. 대내적인 경비는 회사 구성원을 위해서 쓴 돈을 말합니다. 복리후생비가 대표적이죠. 대외적인 경비는 회사 외부 사람들을 위해서 쓴 돈으로 접대비, 기부금, 광고선전비 같은 비용을 들 수 있습니다.

사내 사용분: 복리후생비

대내적인 경비인 복리후생비를 살펴봅시다. 회사는 직원들을 위해서 복리후생 목적으로 돈을 씁니다. 사주의 욕심으로 회삿돈을 유용한 것도 아니고 업무를 위해서 쓴 것이니 세법상 문제가 되지 않습니다. 100% 손금으로 인정됩니다.

사외 사용분: 접대비, 기부금, 광고선전비

대외적인 경비는 종류별로 차이가 있습니다. 업무와 관련해서 특정인에게 혜택을 주었다면 접대비로 구분합니다. 업무와 무관하게 특정인에게 지급했다면 기부금으로, 업무와 관련해서 불특정 다수에게 혜택을 주었다면 광고선전비로 봅니다.

규제 대상: 접대비와 기부금

세법상 취급도 단순합니다. 접대비와 기부금은 한도액으로 규제하지만 광고선전비는 다릅니다. 접대가 회사의 목적이라고 하기 힘든 것처럼, 기부가 목적이라면 비영리법인을 설립하는 게 옳겠죠. 둘 다 한도로 규제해야 하는 겁니다. 그에 비해 광고는 정책상 많은 비용을 써야 하는 업종이 있을 것이니 그냥 제약 없이 허용해줍니다.

문제는 회사가 광고비로 처리한 부분도 국세청이 접대비로 보아서 규제하는 경우가 많다는 것입니다. 접대비는 개인카드를 인정하지 않는 등 증빙도 상대적으로 엄격하게 요구됩니다. 세법의 눈으로 비용을 보지 않으면 회사 입장에서는 손해가 발생할 수 있는 거죠.

복리후생비　　**광고선전비**

구분		업무 관련성	특정	손금 인정
대내	복리후생비	n/a	n/a	OK
대외	광고선전비	○	×	OK
	기부금	×	○	한도액 규제
	접대비	○	○	한도액 규제

기부금　　**접대비**

증빙의 종류: 세금계산서와 카드

세법상 비용 구분이 정리되고 나면, 세법은 적정한 증빙을 갖출 것을 요구합니다. 증빙이 안 되면 비용으로 인정하지 않죠.

증빙의 종류에는 크게 세 가지가 있습니다. 계산서, 카드, 원천징수영수증입니다. 원천징수영수증은 주로 인적인 용역을 지급할 때 발행하고, 그 밖의 증빙은 세금계산서와 카드로 구분됩니다.*

세금계산서와 카드는 나를 도와주는 도구다

세법에서 증빙을 요구하는 이유는 단순합니다. 실제로 그 돈을 사주가 횡령하지 않고 외부로 유출했다는 근거를 찾으려는 거죠. 문방구에서 1,000원짜리 연필을 법인카드로 샀다면 내부 품의서와 카드 영수증 하나로 입증할 수 있습니다. 그런데 이런 법적 증빙을 못 받는 경우라면 세상은 훨씬 복잡해집니다.

예를 들어 제가 10억 원을 주고 법인 명의로 땅을 샀다고 가정해봅시다. 그 땅의 주인이 개인이라면 계산서를 발행해줄 리도 없고 카드도 긁을 수 없을 겁니다. 그럼 우리의 구매를 어떻게 입증해야 할까요?

일단 계약서가 필요합니다. 두 번째로는 이체 내역이 필요하고, 그런 다음엔 명의가 적절하게 넘어왔는지 등기부등본에서 확인해야겠죠. 회사 내에서는 구매가 이뤄질 때까지 여러 단계를 거치겠지만, 법적 증빙을 수취하면 이 모든 것을 단순하게 증명할 수 있습니다.

결국 증빙은 우리의 노고를 상당 부분 줄여줍니다. 카드 영수증 하나로 법인에서 적절한 승인과 지출의 내역이 있었다는 것을 확인할 수 있으므로 국세청과 납세자 모두에게 행복한 처리가 되는 것입니다. 세금계산서로 가는 순간 매우 복잡한 이야기가 기다리고 있지만, 이에 대해서는 후술하기로 하죠. 일단은 증빙이 우리를 편하게 해주는 좋은 수단이라는 것만 기억해주시면 좋겠습니다.

---

* 조금 자세하게 이야기하자면 세금계산서·계산서·매입자 발행 세금계산서는 '계산서'로, 현금영수증·신용카드매출전표·직불카드매출전표 등은 '카드'로 묶어서 보면 이해하기 쉽습니다. 즉, 증빙은 계산서와 카드입니다.

정규증빙

계산서

세금계산서,
계산서,
매입자 발행 세금계산서

카드

신용카드매출전표,
직불카드매출전표,
현금영수증

원천징수영수증

원천징수영수증

사실관계 입증 서류

계약서

통장

등기부등본

증빙을 잘 챙겨야 한다, 특히 접대비는

현실적으로 증빙을 잘 챙기는 건 어려운 일이 아닙니다. 편의점에서 500원짜리 물건을 사고도 편하게 카드를 쓰는 대한민국에서 카드나 계산서를 받는 것은 대단한 일이 아니죠. 그런데 실무로 들어가면 문제가 조금 복잡해집니다.

일반적인 경비는 증빙이 없어도 가산세만 내면 손금처리가 된다

예를 들어 업무상 PC가 필요해서 용산에 갔다고 해봅시다. 그래픽카드가 품귀여서 원하는 사양으로 PC를 사기가 어려웠는데, 마침 적정한 가격에 물건이 나와 있습니다. 기분 좋게 법인카드를 내밀었더니 현금만 된다는 겁니다. 금액을 더 높여도 된다고 했는데도 이런저런 이유를 대면서 현금 거래를 유도합니다. 결국 간이영수증 한 장만 받고 PC를 구매했습니다.

이 거래를 국세청은 어떻게 볼까요? 처음부터 국세청을 이마에 뿔이 난 도깨비로 보는 사람들이 있는데, 그렇지는 않습니다.

국세청이 세무조사를 나왔습니다. PC를 구매했다며 돈이 나갔는데 영수증밖에 없습니다. 그렇다고 그 비용을 불인정하기란 어렵습니다. 실제로 그 가격이 넘는 PC가 멀쩡하게 눈앞에 있는데 이 돈을 남이 썼다고 주장하기는 어렵기 때문입니다. 즉 PC를 구매하기 위해서 쓴 돈 자체에 대해서는 손비로 인정해주지만, 용산의 PC 가게 사장님이 세금을 안 내고 장사할 수 있도록 방조한 행위에 대해서는 응징을 가합니다. 바로 '증빙불비 가산세'라는 세금을 부과하는 것입니다. 그래도 어쨌든 가산세만 내면 손금처리가 되죠.

접대비는 증빙이 없으면 손금처리가 안 된다

그런데 용산에서 고객에게 선물할 노트북을 현금으로 샀다면 이야기는 완전히 달라집니다. 국세청이 나와서 보니 구매 증빙도 간이영수증이고 실물도 없습니다. 그럼 뭘 믿고 경비처리를 해주겠습니까? 손금불산입을 하게 됩니다. 경비로 인정해주지 않는 거죠.

문제는 여기서 끝이 아니라는 겁니다. 이 돈의 귀속자를 찾아갑니다. 누구에게 갔는지 모른다면 당연히 대표이사가 책임을 지죠. 그런데 제가 통장으로 돈을 받아서 고객 선물용 노트북을 현금으로 샀다고 해볼까요? 이 경우 그냥 회삿돈을 제 통장으로 받은 흔적밖에 없으니, 국세청은 제가 상여를 받은 것으로 보아 저에게 소득세를 추가로 부과합니다.

일반경비는 정규증빙을 수취하지 않아도 정규증빙 관련 가산세만 부과하고 손비로 인정하지만, 접대비는 정규증빙을 수취하지 않으면 손금불산입과 추가적인 소득세 과세가 일어날 수 있다는 얘기입니다.

증빙이 없다면

OK

일반경비

손금 인정
가산세 O

NO

접대비

손금 불인정
가산세 X

+α

소득처분

회삿돈의 행방을 모를 때는 대표자의 보너스로 과세

노트북 사례를 조금 더 살펴봅시다. 회사는 노트북이 고객에게 전달되었다고 주장하는데 어떤 증빙도 없다면, 국세청이 회사를 곱게 볼 리가 없습니다. 만약 고객에게 지급했다는 노트북의 금액이 10억 원이라면 국세청은 당연하게도 대표가 10억 원을 횡령한 것으로 볼 것입니다.

이런 이유로 법인세를 신고할 때 회사 외부로 유출된 항목이 있다면, 국세청은 누구에게 갔는지 소명하라고 회사에 요구합니다. 이것을 '소득처분'이라고 합니다. 지금처럼 귀속자가 불분명한 경우에는 대표자의 상여로 처분하게 되는데, 회사는 회사대로 비용처리가 안 되므로 세법상의 소득이 늘어나서 법인세를 내야 하고 대표는 대표대로 소득세를 추가로 내야 합니다.

이야기가 조금 복잡한가요? 다시 순서대로 살펴봅시다.

첫째, 국세청이 비용에 대해서 인정을 하지 않으면 우선적으로 세법상 비용인 손금으로 처리하지 않습니다.

둘째, 국세청은 곧장 이 돈이 어디로 갔는지 물어봅니다. 노트북으로 산 것이 확인된다면 누구에게 귀속되었는지를 봅니다. 직원이 집에 가져가서 개인적으로 사용하고 있다면 직원이 보너스를 받은 것이므로 상여금으로 세금을 내게 합니다.* 대주주에게 선물로 주었다면 배당으로 간주해서 세금을 내게 합니다. 만약 고객에게 전달됐음이 확인된다면 접대비로 처리됩니다.** 그런데 고객에게 전달되지 않았고 누구에게 주었는지도 말하지 못한다면 국세청은 대표자가 보너스를 받은 것으로 보아 대표자에게 과세합니다.

* 직원이 노트북을 업무용으로 사용하고 있고, 퇴사 시에 반납할 의무 등이 있다면 본인이 상여를 받은 것으로 보기 어려울 것입니다. 이 경우 앞에서 살펴본 것처럼 세무상 비용으로 인정됩니다.

** 접대비 한도액이 넉넉하다면 손금으로 인정되겠지만, 그렇지 않은 경우 손금불산입이 됩니다.

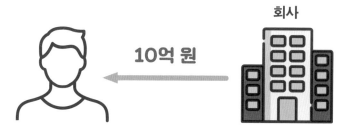

회사

10억 원

첫째, 손금불산입　　　→ 10억 원만큼
　　　　　　　　　　　　법인
　　　　　　　　　　　　세무상 소득 증가

둘째, 대표자 상여　　　→ 10억 원만큼
(귀속자를 모르는 경우)　　대표 개인
　　　　　　　　　　　　세무상 소득 증가

또는

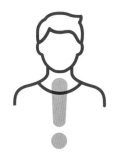

둘째, 귀속자　　　　　→ 10억 원만큼
(귀속자를 아는 경우)　　　귀속자의
　　　　　　　　　　　　세무상 소득 증가

회사 밖으로 돈이 나가면 추가적인 과세 문제 발생

소득처분 – 사외유출

앞에서 살펴본 세무조정은 회사의 세금을 계산하기 위한 절차이고, 소득처분은 회사 재산의 귀속자를 찾아서 추가적인 과세를 하는 절차입니다. 앞의 상황이라면 안 그래도 세금 부담이 큰 대표이사로서는 받지도 않은 돈 10억 원에 대해서 소득세를 내야 하므로 담당자를 곱게 보기 어려울 것입니다. 따라서 누구에게 갔는지를 담당자가 국세청에 알려줄 수밖에 없겠죠.

주주가 그 돈을 가지고 갔다면 회사의 주주로서 이익을 챙겨 간 것이니 배당으로 세금을 부과하고, 임원이나 직원이 들고 간 것이라면 상여로 보아서 세금을 부과합니다. 법인이나 개인사업자, 국가 등에 귀속되는 경우에는 추가로 세금을 부과하지 않습니다. 각각 법인세나 종합소득세 등을 계산할 때 소득에 포함되었을 것으로 보기 때문입니다. 그 외의 사람에게 갔다면 기타소득으로 과세합니다.

결론적으로, 회사의 세무조정이 일어나면 회사 재산의 귀속자를 찾아서 추가적인 과세 절차가 이루어진다고 생각하면 됩니다.

소득	귀속자	추가 과세
배당	주주	배당소득 과세
상여	임직원	근로소득 과세
기타 사외유출	법인, 개인사업자, 국가	비과세
기타소득	위 외의 자	기타소득 과세

소득처분: 유보

세무조정 사항이 발생하는 모든 경우에 회사 외부로 돈이 빠져나간 것은 아닙니다. 때로는 회사에 보유 중인 자산이나 부채의 일시적인 평가액 차이가 원인이 될 수도 있습니다.

　예를 들어보겠습니다. 20×1.1.1에 100만 원에 산 주식이 연말에 보니 가격이 160만 원으로 올랐습니다. 20×1.12.31에 60만 원의 평가이익을 장부에 반영했습니다. 세법에서는 이런 이익을 인정해주지 않습니다. 권리와 의무가 확정되지 않은 상태에서 임의로 계상된 이익이기 때문입니다. 따라서 회계에서 반영한 이익을 취소하는 세무조정 절차가 필요합니다.

20×1.1.1
단기 매매증권
1주 100만 원 취득

20×1.12.31
단기 매매증권
가격 상승 160만 원

회계상 이익	+ 60
조정	− 60
세법상 이익	+ 0

20×1년
→ 차감 항목:
익금불산입 60만 원(△유보)

　여기까진 분위기가 나쁘지 않은데 그다음은 다들 어렵게 생각하더군요. 처음에 이해가 안되면 그냥 지나가도 좋습니다. 20×2.1.1에 이 주식이 160만 원에 팔렸다면, 회사가 옳았던 것이지요. 문제는 기존의 세무조정입니다.

　20×2.1.1의 매각에 대해 회계처리를 하면 장부상 160만 원의 주식을 160만 원에 팔았으니 어떤 이익도 없습니다. 그렇지만 세무적으로는 다릅니다.

　세무적으로는 20×2.1.1에 100만 원의 주식을 160만 원에 판 것으로 보아야 합니다. 왜냐

하면 세무상으로는 회사가 계상한 20×1.12.31의 이익을 인정하지 않았기 때문에 장부와 달리 여전히 100만 원의 자산이기 때문입니다. 결국 회계상 0인 이익을 세무상 이익 60으로 수정해주어야 합니다. 즉 더하기 조정이 필요합니다.

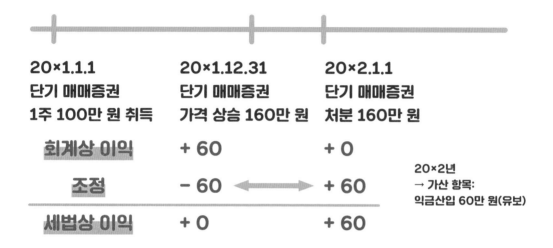

이 주식은 20×1년에 여전히 보유 중인 상태로 가치만 상승했습니다. 회계는 이 사건을 수익으로 보았고, 세법은 익금으로 보지 않았습니다. 그냥 내부에 '유보'된 자산에 대한 관점이 회계와 세법상에서 '일시적'으로 차이가 났을 뿐입니다. 이런 차이는 매각이 된 시점에 소멸됩니다.* 그러니 잠시 보유 중인 자산·부채로 인한 일시적인 차이라고 정리해놓는 것이 좋습니다. 그러고 보니 20×1년의 조정과 20×2년의 조정은 정확하게 대칭적입니다.

20×1년 → 차감 항목: 익금불산입 60만 원(△유보)
20×2년 → 가산 항목: 익금산입 60만 원(유보)

* 회계에서 이연법인세 자산/부채라는 개념이 있습니다. 세무조정 때문에 당장은 세금을 덜 내지만 앞으로는 세금을 더 낼 것이 분명하니 장부에 부채로 적어야 한다는 의미입니다. 자산의 경우 '자산성의 인정'이라는 어려운 문제가 나오기는 합니다만, 간단하게 이연법인세 자산/부채라는 이름 정도만 기억하면 됩니다.

법인세액의 계산

회계상의 당기순이익에 세무조정을 해서 세무상 소득을 구했으니 이제는 세율만 곱하면 세금을 구할 수 있겠지요.

그런데 적자를 계속 보고 있던 회사가 처음으로 흑자를 냈는데 올해 소득을 기준으로 세금을 내라고 하면 억울할 것 같지 않은가요? 그동안 회사가 어려울 때는 아무 소리 없다가 이제 처음으로 돈 좀 버니까 곧장 세금을 내라고 하니 말입니다. 전년도까지 적자 본 금액은 공제를 해주어야 할 것 같습니다.

물론 회계상의 적자가 아니라 세법상의 소득이 '-'인 적자를 의미합니다. 회사가 회계상으로는 적자인데 대표가 술값을 많이 쓴 것이 이유라면 국세청이 인정해줄 이유가 없기 때문입니다. 이런 결손금을 '세무상 결손금'이라고 부릅니다.

이제 소득에 대한 조정은 어느 정도 마무리가 된 것 같습니다. 이렇게 계산한 세법상의 소득을 '과세표준'이라고 부릅니다.

과세표준에 세율을 곱하면 산출세액이 나오고, 국가의 정책에 따라 회사가 혜택을 받는 경우에는 감면이나 공제를 받을 수 있습니다. 물론 의무를 이행하지 않으면 가산세라는 징벌이 기다리고 있죠.

이 금액에 미리 납부한 세액을 차감하면 납부해야 할 세금이 나옵니다. 회사가 국세청에 법인세를 신고할 때 제출하는 가장 중요한 서식이 3호 서식인데요. 이 서식은 다음 항목을 표로 정리해놓은 것에 불과합니다. 회사가 제출하는 3호 서식도 다음 페이지에 제시해놓았습니다.

소득조정

당기순이익?
+ 익금산입, 손금불산입
− 익금불산입, 손금산입

각사업연도소득
− 이월결손금(세무상)

과세표준
× 세율

세액가감

산출세액
− 세액감면, 공제
+ 가산세

총 부담세액
− 기납부세액

차감납부세액

$$\frac{소득 \times 세율}{세액}$$

사 업 연 도	· · · ~ · · · ·	법인세 과세표준 및 세액조정계산서	법 인 명	
			사업자등록번호	

①		⑩ 결산서상 당기순손익	01				⑬ 감면분추가납부세액	29	
각 사 업 연 도 소 득 계 산	소득조정 금 액	⑩ 익 금 산 입	02				⑬ 차 감 납 부 할 세 액 (⑯-⑫+⑬)	30	
		⑬ 손 금 산 입	03		⑤ 토 지 등 양 도 소 득 에 대 한 법 인 세 계 산	양도 차익	⑬ 등 기 자 산	31	
		⑭ 차 가 감 소 득 금 액 (⑩ + ⑩ - ⑬)	04				⑬ 미 등 기 자 산	32	
		⑮ 기 부 금 한 도 초 과 액	05				⑬ 비 과 세 소 득	33	
		⑯ 기부금한도초과이월액 손금산입	54				⑬ 과 세 표 준 (⑬+⑬-⑬)	34	
		⑰ 각 사 업 연 도 소 득 금 액 (⑭+⑮-⑯)	06				⑬ 세 율	35	
② 과 세 표 준 계 산		⑱ 각 사 업 연 도 소 득 금 액 (⑱=⑰)					⑭ 산 출 세 액	36	
		⑲ 이 월 결 손 금	07				⑭ 감 면 세 액	37	
		⑩ 비 과 세 소 득	08				⑭ 차 감 세 액 (⑭-⑭)	38	
		⑪ 소 득 공 제	09				⑭ 공 제 세 액	39	
		⑫ 과 세 표 준 (⑱-⑲-⑩-⑪)	10				⑭ 동업기업 법인세 배분액 (가산세 제외)	58	
		⑮ 선 박 표 준 이 익	55				⑮ 가 산 세 액 (동업기업 배분액 포함)	40	
③ 산 출 세 액 계 산		⑬ 과 세 표 준 (⑫+⑮)	56				⑯ 가 감 계 (⑭-⑭+⑭+⑮)	41	
		⑭ 세 율	11			기 납 부 세 액	⑭ 수 시 부 과 세 액	42	
		⑮ 산 출 세 액	12				⑭ ( ) 세 액	43	
		⑯ 지 점 유 보 소 득 (「법인세법」 제96조)	13				⑭ 계 (⑭+⑭)	44	
		⑰ 세 율	14				⑮ 차감납부할세액 (⑯-⑭)	45	
		⑱ 산 출 세 액	15		⑥ 미 환 류 소 득 법 인 세		⑮ 과세대상 미환류소득	59	
		⑲ 합 계 (⑮ + ⑱)	16				⑮ 세 율	60	
④ 납 부 할 세 액 계 산		⑩ 산 출 세 액 (⑩ = ⑲)					⑮ 산 출 세 액	61	
		⑫ 최 저 한 세 적 용 대 상 공 제 감 면 세 액	17				⑮ 가 산 세 액	62	
		⑫ 차 감 세 액	18				⑮ 이 자 상 당 액	63	
		⑬ 최 저 한 세 적 용 제 외 공 제 감 면 세 액	19				⑯ 납부할세액(⑮+⑯+⑮)	64	
		⑭ 가 산 세 액	20		⑦ 세 액 계		⑮ 차 감 납 부 할 세 액 계 (⑭ + ⑮+⑯)	46	
		⑮ 가 감 계 (⑫-⑬+⑭)	21				⑮ 사 실 과 다 른 회 계 처 리 경 정 세 액 공 제	57	
	기 한 내 납 부 세 액	⑯ 중 간 예 납 세 액	22				⑬ 분 납 세 액 계 산 범 위 액 (⑮-⑫-⑬-⑮-⑮-⑫+⑬)	47	
		⑰ 수 시 부 과 세 액	23			분납할 세액	⑭ 현 금 납 부	48	
		⑱ 원 천 납 부 세 액	24				⑮ 물 납	49	
		⑲ 간접투자회사등의 외국납부세액	25				⑯ 계 (⑭ + ⑮)	50	
		⑩ 소 계 (⑯ + ⑰ + ⑱ + ⑲)	26			차 감 납 부 세 액	⑰ 현 금 납 부	51	
		⑬ 신 고 납 부 전 가 산 세 액	27				⑱ 물 납	52	
		⑫ 합 계 (⑩+⑬)	28				⑯ 계 (⑰ +⑱) (⑯=⑮-⑫-⑮)	53	

210mm×297mm[백상지 80g/㎡ 또는 중질지 80g/㎡]

세무서식을 보면 복잡해서 읽기 싫습니다.

그런데 휴대폰도 내부는 복잡하지만

사용하기는 어렵지 않죠.

복잡한 수리는 전문가에게 맡기고

그냥 가볍게 지나가 주세요.

국세청의
공격 포인트

경비
손금불산입

국세청은 이 비용에 대해서 시비 걸 수 있다!

비용 성격을
규제 대상 비용으로 변형

광고 목적이면 광고선전비?

이제 실제 사례로 넘어가 봅시다. 자양강장제를 파는 제약회사가 있습니다. 아무래도 청소년 등에게 민감한 상품일 수 있으니 광고는 하지 못한다는 규제를 받고 있죠. 그래서 홍보 목적으로 개별 약국에 우편물을 발송하고, 관심을 보이는 약국이 연락을 주면 상품을 두 박스 정도 무상으로 보내주는 방식으로 보통 홍보를 합니다.

이 회사는 이렇게 제공한 상품에 대해서 견본품비나 광고비로 처리할 수 있는지 국세청에 물어봤습니다. 당신 생각은 어떻습니까? 무슨 비용으로 보이나요? 광고비가 맞겠지요?

놀랍게도, 국세청의 대답은 접대비라는 것이었습니다(재법인22631-854, 1991.06.24).

업무상으로 특정인에게 주면 접대비

업무와 관련해서(상품 판매) 특정인(특정 약국)에게 상품을 무상으로 주었으니 접대라는 것입니다. "아니, 그럼 전국에 있는 약국에 다 주면 광고비이고 아니면 접대비입니까?"라고 질문한다면 국세청은 "아니죠. 그 경우도 접대비죠"라고 답변할 겁니다.

오타가 아닙니다. 전국에 있는 모든 약국에 주어도 접대비로 봅니다. 본인의 회사에서 선정한 약국에 상품을 주었다면 나의 의도와 계획이 반영된 '특정'성을 만족한 것으로 볼 수 있다는 뜻입니다.

그렇다면 어떻게 해야 광고선전비로 인정받을 수 있을까요? 예컨대 약사들이 모여서 체육대회를 하는 곳에 상품을 쌓아놓고 '아무나 가져가세요'라고 하면 광고선전비로 봅니다. 누가 가져갈지 알지 못하는 상태니까요.

국세청의 관점을 이해하자

솔직해집시다. 이 회사가 상품을 무상으로 공급한 이유는 무엇일까요? 자사 제품을 많이 팔기 위해서입니다. 약사들의 기분이 좋아지게 해서 약국의 물건을 더 많이 팔게 하려는 게 아닙니다. 자사 제품의 홍보 목적이죠. 그러면 접대비가 아닌 광고선전비로 보는 게 맞습니다.

매출을 올리려면 약사에게도 상품의 샘플이 필요할 수 있습니다. 이렇게 제공한 샘플이라면 견본비로 보아 손금처리를 할 수 있어야 할 것입니다. 그런데 국세청은 두 박스는 사회 통념에 비해서 너무 많다고 봤습니다. 한 병 정도면 모르겠지만 두 박스는 왠지 과한 느낌이 든다고 판단한 것입니다.

큰 비용을 중심으로 공격

국세청은 여러 가지 카드를 가지고 있다

앞부분에서 살펴본 사례를 다시 한번 보겠습니다.

회사 임직원이 모두 모여 골프를 쳤습니다. 이 골프대회 경비는 세무적으로 어떻게 처리되어야 할까요? 대외적인 경비는 아니니 대내적인 경비로 보아야 하겠지요. 대내적인 경비는 제약이 없으니 100% 손비가 인정되는 복리후생비, 그중에서도 손비로 인정된다고 나와 있는 직장체육비로 처리하면 문제가 없을 것입니다.

그런데 국세청은 놀랍게도 이 비용을 회의비로 처리했습니다. 회의비 규정을 살펴보면 통상의 다과 등 회의를 위한 돈은 손비로 인정하지만 통상의 회의비를 초과하는, 예컨대 유흥을 위해 지급한 비용 등은 손비로 인정하지 않습니다. 골프대회 경비는 이런 통상의 회의비를 초과해서 지급한 것이고, 이건 직원들 하나하나가 개인적으로 내야 할 돈이 맞으니 손비 처리를 안 해줄 뿐만 아니라 직원들이 각각 보너스를 받은 것으로 보아서 소득세까지 내야 한다는 것이 국세청의 판단이었습니다.

금액이 적어도 문제 삼았을까?

이 회사에서 동네에 있는 초등학교를 빌려 족구대회를 열었다고 가정해봅시다. 운동장 사용료도 내고, 김밥값, 물값 등등의 비용이 발생했습니다. 이 비용도 문제가 될까요? 아닙니다. 모두 비용처리가 된다고 생각할 겁니다.

그럼 두 사안의 차이가 무엇일까요? 앞서도 말했듯이, 큰 공은 되고 작은 공은 안 되는 것입니까? 눈치채셨겠지만, 바로 금액의 크기입니다. 세무상으로 쟁점이 되는 이슈들은 조사의 실익이 있는 아이템들입니다. 조사의 실익에는 두 가지 측면이 있습니다. 조세정의라는 관점과 조사관의 징수 실적이라는 측면이죠.

조사관에게 징수 실적은 중요하다

조세정의라는 관점은 국세청 반장님들의 판단에 맡겨야 하니, 밖에서 판단하기 쉬운 징수 실적으로 이야기해보겠습니다.

사실 초등학교 운동장 사용료라는 게 얼마나 되겠습니까. 세무상 불이익이라고 해봐야 그렇게 크지 않습니다. 하지만 골프장 사용료는 이야기가 다릅니다. 4명씩 한 팀이 되어 골프를 치고 그늘에 앉아 맥주 한 캔 마시고 짜장면만 한 그릇씩 먹어도 팀당 200만 원은 훌쩍 넘어 갑니다. 여러 팀이 여러 번 이렇게 했다면 정말 무시하기 어려운 규모의 자금이 될 것입니다. 그리고 금액이 커지면 커질수록 임직원들이 개인적으로 얻는 이익의 크기도 작지 않습니다. 즉 급여성 대가의 성격이 짙어집니다. 그럴 경우 과세의 성공 가능성도 커집니다.

이런 상황에서 골프도 운동이고 축구도 운동이니 동일하게 과세해야 한다는 생각을 가진 사람이라면 국세청의 조사에 당황할 수밖에 없겠죠.

NO

복리후생비

회의비

OK

복리후생비   회의비

회계상 비용 이름은 잊어버리자

자신 없는 증빙 챙기기

경비로 세무상 인정을 받으려면 증빙을 잘 챙겨야 합니다. '증빙'이라는 말만 나와도 벌써 기분이 나빠지죠. 결재를 받으려고 보면 왜 이리 챙기라는 서류가 많은지, 윗선에서 승인도 받은 사항들이니 대충 넘어가면 될 걸 왜 하나하나 시비를 거는지 이해가 되지 않습니다. 더 짜증이 나는 것은 왠지 부당한 요구를 하는 것 같은데 효과적으로 반박하지 못한 데 대한 미련이 남는다는 점입니다. 내가 잘 모르다 보니 당하는 일이라는 생각에 기분이 팍 상하죠.

내가 떳떳하냐 아니냐는 중요하지 않다

슬슬 짜증이 납니다. 우리는 정당한 방식으로 업무를 처리했으니 세무 문제가 없을 것으로 생각하는데, 국세청의 관점은 이와 다릅니다. 세금을 더 거두는 방향으로 문제를 바라보고 또 그만큼 힘도 있어서 결국 자신들의 주장을 관철해 세금을 더 뜯어 갑니다.

앞에서 살펴본 강호동 씨 사례처럼 업무를 위해 사용된 것이 분명하고, 담당 세무사 역시 동의했다고 하더라도 국세청이 다르게 보면 문제가 됩니다. 심한 경우에는 정당한 증빙도 있고 업무에 사용된 증거도 있으니 손금처리에 문제가 없다는 세무사와 업무상으로 사용되었더라도 개인적으로 악용될 수 있는 물건을 사기 위해 쓴 돈은 세무적으로 용납할 수 없다는 국세청 간에 싸움이 벌어질 수도 있습니다.

세무 전문가가 아닌 일반인이 이런 상황에서 비용처리를 하지 않아야 한다고 판단하는 건 쉽지 않아 보입니다. 그렇지만 내가 하늘을 우러러 한 점의 부끄러움이 없다고 한들 그것만으로 해결될 문제가 아닙니다. 회계상으로 계상된 비용의 이름은 잊어버리고 혹시 국세청이 시비 걸 만한 아이템은 아닌지 꼼꼼히 고민해봐야 합니다.

보수적인 처리가 안전하다

그럼 결론은 무엇일까요? 세무는 어쩔 수 없이 보수적인 관점에서 접근해야 한다는 거죠. 안 내도 될 세금을 내자는 뜻이 아닙니다. 국세청이 시비 걸 가능성을 줄여놓자는 것입니다.

큰 비용은 여러 유형으로 쪼개고, 접대 유형도 다양화해야 합니다. 그래야 혹시라도 세무조사 때 특정 비용이 문제가 되더라도 나머지 비용은 건질 수 있기 때문입니다.

'내 입장에서는 광고를 하기 위한 것이었으니 광고비다'라고 단순하게 생각하면 안 되고, 규정상으로 접대비로 보아 한도 규제를 받을 수도 있으니 미리 확인하는 습관을 들여야 합니다.

금액이 크거나 새로운 거래라면 더욱 조심해야 합니다. 똑같은 운동도 국세청이 다르게 본 이유는 돈이 되기 때문이었죠. 기존의 거래에서 문제가 생긴다면 변명의 여지라도 있지만, 새로운 거래에서 문제가 생기면 소명하기가 상당히 어렵습니다.

정규증빙을 수취하되
없으면 영수증이라도

정규증빙을 받지 못했다면 뭐라도 받아야 한다

세금 관련 일을 하다 보면 포기하고 싶어지는 경우가 많습니다. 내가 어떻게 한들 어차피 망해버린 거 '이생망'처럼 그냥 놔버리고 싶어지는 경우 말이죠. 하지만 그래서는 안 됩니다. 어떻게든 사실관계를 입증할 수 있는 서류를 챙겨두어야 합니다.

　어떤 사람이 술집에서 접대를 했습니다. 접대를 마치고 결제를 하려고 법인카드를 내밀었는데 술집의 카드단말기가 고장이 난 겁니다. 회사 방침상 익일 이후에 청구되는 경비는 절대 인정해주지 않습니다. 그래서 술값은 나중에 지급하기로 하고 간이영수증이라도 달라고 했는데, 그것조차 없다는 겁니다. 그래서 굴러다니는 포장지를 주워서 술값 등 관련 경비를 적어달라고 한 후 술집 주인의 서명을 받았습니다.

증빙이 없으면 소득세를 추가로 내야 하지만
영수증이라도 있으면 피할 수 있다

자, 이 종이 조각이 세무조사 때 의미가 있을까요? 있습니다.

　접대비는 한도액까지만 인정을 해줍니다. 회사의 접대비 한도가 3,000만 원이라면 3,000만 원까지는 인정해주죠. 전제는 적격한 증빙을 갖추어야 한다는 것입니다. 정규증빙을 갖춘 3,000만 원의 접대비는 인정해주지만, 정규증빙을 갖추지 않았다면 인정해주지 않습니다.

　그럼 여기서 끝일까요? 앞서 여러 번 강조한 것처럼, 국세청은 법인에 세금을 부과하는 것으로 끝내지 않고 개인에게도 세금을 부과합니다. 누가 썼는지 모른다면 대표자 또는 사용자를 쫓아가서 추가적인 과세를 합니다. 이 종이 조각은 여기에서 활약할 수 있습니다.

　회사에서 어차피 접대비 한도액을 넘긴 상태라면 추가된 금액이 전부 손금불산입된다는 점은 동일합니다. 그렇지만 누가 사용했는지 입증되지 않은 항목에 대해서는 추가적인 소득세 과세가 일어나죠. 이때 국세청에 "증빙이 없어요"라고 하는 것과 "저 술집에서 먹었어요"라면서 종이 조각이라도 내미는 것은 다른 결과를 가져옵니다. 적격 증빙이나 간이영수증이 아니더라도 어떤 술집에서 먹었다는 근거가 있다면 추가적인 과세는 어렵습니다. 그 자리에서 술집 주인에게 전화를 걸어 술 먹은 사실을 확인받으면 되니까요.

세무 일은 증빙에서 시작해서 증빙으로 끝납니다. 정규증빙을 받으면 좋지만, 받지 못했더라도 포기해서는 안 됩니다. 꼭 챙겨야 합니다.

국세청의
공격 포인트

부당행위계산
부인

친한
사람들과의
거래는
조심조심!

부당행위계산 부인제도

친한 사람과의 거래를 규제하는 규정

법인세법에 따르면, 법인이 특수관계인과의 거래를 통해서 조세를 부당하게 감소시킨 경우 이를 부인하는 제도를 '부당행위계산 부인제도'라고 합니다. 그런가 보다 하고 넘어가기 쉽지만, 이는 우리의 행동에 매우 큰 제약을 걸어놓는 일입니다.

당신이 떡볶이 가게를 한다고 해봅시다. 엄청나게 성장해 전국에서 손꼽히는 가게가 됐는데, 당신은 자녀가 운영하는 방앗간과 제3자가 운영하는 방앗간 중 어디에서 떡을 사 오겠습니까? 간단하게 생각해봐도 규모가 있는 법인은 특수관계에 있는 사람들과 거래가 잦을 수밖에 없습니다. 그리고 국가는 이들이 서로 간의 거래를 통해 세금을 탈루하지는 않는지 꼼꼼하게 살펴볼 수밖에 없죠. 아들 회사에서 비싼 가격에 물건을 사 올 수도 있고 딸 회사에 헐값으로 부동산을 넘길 수도 있으니까요.

이런 거래는 단순하게 이익의 분여만을 일으키는 것이 아니라 세금을 덜 내는 효과로도 이어질 수 있습니다. 따라서 우리 회사가 거래할 때 신경을 써야 하는 회사가 어디인지를 꼭 파악해야 합니다.

친한 사람: 특수관계인

회사를 기준으로 보면 실질적 지배자, 주주, 임직원이 1차적인 특수관계인입니다. 이들이 30%를 지배하고 있는 자회사나 자회사를 포함하여 30%의 지분을 가지고 있는 손자회사도 특수관계인이 됩니다. 계열회사와 임원, 회사를 30% 이상 지배하고 있는 모회사의 지분을 30% 이상 가지고 있는 할머니회사도 특수관계인에 포함됩니다.

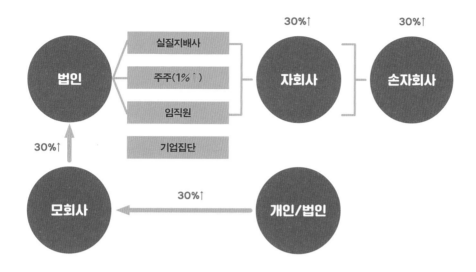

싸게 팔거나 비싸게 사주면 규제

부당행위계산의 대상이 되는 거래는 고가나 저가 거래입니다. 친한 사람들 사이에서 시가로는 볼 수 없는 예외적인 금액으로 거래가 있었다면 그 과정에서 세금을 덜 냈는지 확인하여 과세하는 제도라고 이해하면 됩니다.

아버지가 대주주로 있는 법인에서 10억 원짜리 땅을 아들에게 2억 원에 판 경우 또는 딸이 보유한 5억 원짜리 건물을 10억 원에 산 경우를 문제 삼는 것입니다. 물론 세법에서는 어느 정도 여유를 두고 있으며, 일정한 비율(%)이나 금액이 넘는 경우에만 문제를 삼습니다.

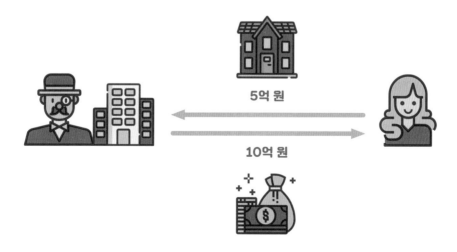

친한 사람의 범위를 알고, 거래 전에 조심하자

특수관계인의 범위는 법에 규정되어 있지만, 꼭 법이 아니어도 우리는 예외적인 거래가 무엇인지 직관적으로 알고 있습니다. 온라인상에서 특가로 어떤 물건이 풀리면 SNS나 커뮤니티를 통해서 정보를 공유합니다. 그런데 일정한 범위를 벗어나는 가격이 제시되면 대부분 사람은 가격 오류로 보고 곧 주문이 취소될 것으로 예상합니다. 직관적으로 이상한 가격임을 아는 거죠. 그러니 이처럼 시가에서 벗어나는 거래가 친한 사이에서 일어났다면 의심을 받는 게 당연하지 않을까요?

우리 회사와 관련된 파트너 중 세법에서 정한 친한 사람들과 거래를 하게 되면 일단 국세청이 시비를 걸 확률이 높다고 생각하는 편이 좋습니다.

시가는 아무도 모른다. 그래서 위험하다

시가로 거래하면 아무 문제 없지 않느냐고요? 문제는 시가라고 하는 것이 모호해서 실무 담당자들이 엉뚱한 일을 하는 경우가 많다는 것입니다.

혹시 당신이 거주하는 집의 정확한 시세를 아시나요? 호가는 부르는 가격에 불과하니 최근 거래 가격을 좀 더 객관적인 시세로 볼 수도 있겠네요. 그런데 이것이 적정한 가격이라고 할 수 있을까요? 이 역시 세입자에겐 거품이 가득한 가격일 것이고 집주인에겐 말도 안 되게 저평가된 금액일 것입니다.

10억 원?   8억 원?

5억 원?

실무에서 많은 이들이 오해하는 것이 이 부분입니다. 옛 어른들의 말씀 중에 '산 좋아하는 사람은 산에서, 물 좋아하는 사람은 물에서 죽는다'라는 표현이 있습니다. 그와 비슷하게, 세법 좋아하는 사람은 세법 규정 때문에 곤혹스러운 일을 겪을 수 있습니다.

세법이 말하는 시가

세법은 제3자 간에 유사한 환경에서 거래된 금액을 시가로 봅니다. 문제는 토지 같은 경우인데, 여기에는 1물 1가가 적용됩니다. 서로 붙어 있는 땅이라도 가격 차이가 클 수 있다는 뜻입니다. 더구나 30년 동안 거래가 없었다면 제3자 가격이 없다고 봐도 무방할 것입니다. 이 경우 세법에서는 대체적인 평가 방법을 쓰게 되어 있는데요. 감정가액이 있으면 감정가액, 그것도 없으면 상속세 및 증여세법(상증법)의 평가 방법을 준용하도록 되어 있습니다.

어떤 사장님이 10억 원짜리 회사 땅을 아들에게 2억 원에 주고 싶어 합니다. 이에 실무자가 살펴보니 제3자 거래 가격이 없습니다. 내가 감정평가를 안 받으면 감정가액은 없는 것이고, 상증법상의 평가기준을 찾아보니 공시지가로 하도록 되어 있습니다. 기쁜 마음에 공시지가를 찾아보니 2억 원입니다. 옳거니, 딱 원하는 가격입니다. 이 거래 괜찮을까요?

남이어도 그렇게 했을까?

부당행위계산에서 가장 중요한 개념은 부당성의 여부입니다. 부당성은 경제적 합리성이 결여된 거래에 대해서는 나라가 시비를 걸 수 있다는 생각입니다. 사장님의 아들이 아니라 제가 산다고 해도 회사에서 2억 원에 팔았을까요? 제3자 거래 가격을 정확하게는 모르지만 2억 원이 적정한 가격이 아니라는 건 누구나 알 수 있을 것입니다.

그렇다면 이 사건을 국세청은 어떻게 바라볼까요? 주위의 거래 가격을 뒤져볼 것이고 임대료를 기준으로 객관적인 가치를 산정할 것입니다. 그리고 더 쉬운 방법으로, 국세청이 감정평가를 받아서 정확한 가치를 산정하면 될 것입니다. 예전과 다르게 국세청은 실제로 감정평가를 받아서 과세를 하고 있습니다.

세법에서 가장 위험한 일은 법령을 내 입장에서 유리하게 자의적으로 해석하는 것입니다. 전문가에게 물어보고 꼼꼼하게 대비하는 것이 좋겠지만, 그 전에도 우리는 위험한 일이 무엇인지 직관적으로 알 수 있습니다. 내가 특수관계인이 아니어도 그렇게 했을까? 세법에서는 이런 관점이 매우 중요합니다.

법에서 정한 친한 사이가 아니어도 문제가 될 수 있다

시가에서 벗어나는 거래는 국세청이 문제를 삼을 것이라고 전제하는 편이 좋습니다. "회계사님, 특수관계인만 아니면 아무 문제 없지 않나요?"라는 질문을 종종 받습니다. 국세청을 너무 우습게 보시는 질문이죠.

법인세법에서는 특수관계가 없는 사람들 간의 거래도 시가의 ±30%인 정상가액을 벗어나는 거래를 규제할 수 있는 시행령이 있습니다. 특수관계인이든 아니든, 국세청은 예외적인 가격으로 일어난 거래에 대해서는 그로써 이익을 보는 사람을 늘 주목하고 있습니다. 경제적으로 합리적인 사유 없이 그런 일이 벌어졌다면 과세로 이어질 수 있으니(대법원 2007.12.13. 선고, 2005두14257 판결) 상식에서 어긋난 거래는 안 하는 편이 안전합니다.

PART 5

자주 쓰이고
날마다 발생하는
부가가치세

QUICK GUIDE

국가는 사업자 간의 거래에 대해 세금 영수증인 세금계산서를 의무적으로 발행하도록 강제하고 있습니다.

세금계산서 누락은 매출 누락으로 이어지므로 국세청은 엄격한 형식으로 규제합니다. 실생활에서 자주 발생하는 증빙이다 보니 부담 없이 발행하곤 하는데, 최근 국세청이 많은 자료를 수집하고 있으니 종전과 달리 아주 위험한 상황을 맞이할 수도 있습니다.

세금계산서를 개별적인 판단에 따라 발행하면 잘못 발행하게 될 위험이 큽니다. 세금계산서는 내부 규정에 따라서 기계적으로 발행해야 합니다. 규정이 없다면 새로 만들어서 발행 시마다 고민할 여지를 없애야 실수를 줄일 수 있습니다.

특히 큰 금액의 거래나 새로운 유형의 거래는 반드시 사전에 검토한 후에 세금계산서를 발행해야 합니다.

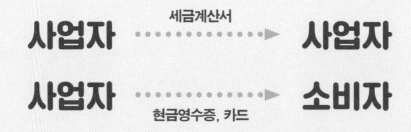

1. 세금계산서는 절차에 따라 기계적으로 발행하고 수취해야 한다.
2. 담당자가 임의로 변경해선 안 된다.
3. 큰 금액이나 새로운 유형은 반드시 사전에 검토한다.

부가가치세란?

부가가치에 부과되는 세금

부가가치세는 부가가치에 대해서 부과하는 세금입니다.

제가 의자를 만들어서 파는 사업자라고 가정해보겠습니다. 저는 나무를 5,000원에 사다가 의자로 만들어 1만 원에 팝니다. 제가 창출한 부가가치는 의자의 판매 금액에서 나무 가격을 뺀 5,000원입니다.

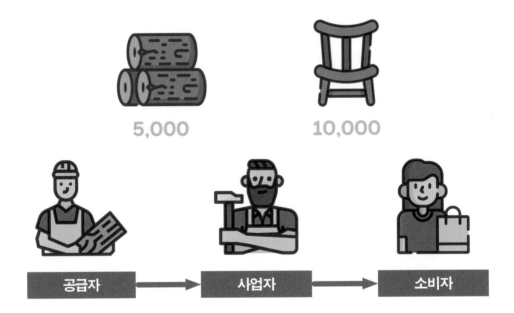

소비세, 비례세, 간접세

국세청이 어느 날 저에게 매출액의 10%를 세금으로 내라고 합니다. "아니, 이거 팔아서 얼마나 남는다고 세금을 1,000원이나 내라는 겁니까?" 하고 항변하니 국세청이 "당신이 받을 1만원은 똑같이 받으세요"라고 합니다. 다만 소비자에게 1,000원을 따로 내라고 하라는 겁니다. 억울합니다. 소비자는 제가 1만 1,000원에 의자를 파는 것으로 알 게 분명하잖아요.

부가가치세는 소비를 할 때 내는 세금이라서 '소비세'라고 하고, 매출 금액에 비례해 10%를 세금으로 내기에 '비례세'라고 합니다. 이 상황을 가만히 보면 세금은 의자를 산 소비자가 부담한다는 걸 알 수 있죠. 그런데 납부의무자는 저입니다. 이처럼 세금을 부담하는 담세자와 납세의무자가 다른 세금을 '간접세'라고 합니다.

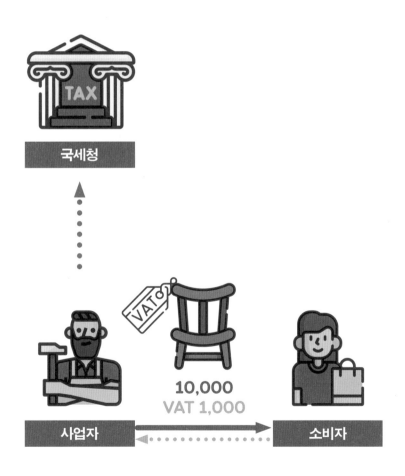

거래징수

얼마 전에 나무를 공급하던 목수 아저씨가 국세청에 세금을 내야 한다며 나뭇값으로 500원을 더 달라고 한 기억이 납니다. 그래서 추가로 500원을 보내서 5,500원을 주고 나무를 사 왔어요. 목수 아저씨도 나와 동일한 일을 겪었다는 것을 알 수 있습니다.

국세청은 일을 참 편하게 합니다. 거래를 하면서 돈을 주었는데 자동으로 세금을 납부한 꼴이 됐으니까요. 이런 것을 '거래징수'라고 부릅니다.

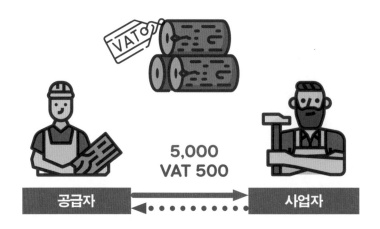

전 단계 세액공제법

갑자기 궁금한 점이 생깁니다. 부가가치세가 부가가치에 부과되는 세금이라면, 내가 창출한 부가가치가 5,000원이니 내야 할 세금은 500원 아닌가요?

국세청에 물어보니 제 말이 맞다고 합니다. 내가 손님으로부터 받은 세금인 매출세액에서 목수 아저씨에게 지급한 세금인 매입세액을 차감한 금액을 납부세액으로 내면 된다고 합니다. 즉, 매출액 1만 원에 10% 세율을 곱한 1,000원을 매출세액으로 신고하고 목수 아저씨에게 지급한 세액인 500원을 매입세액으로 신고하면 500원이 납부세액이 된다는 거죠. 즉, 낼 세금에서 낸 세금을 차감하는 방식으로 세금을 내면 된다고 합니다.

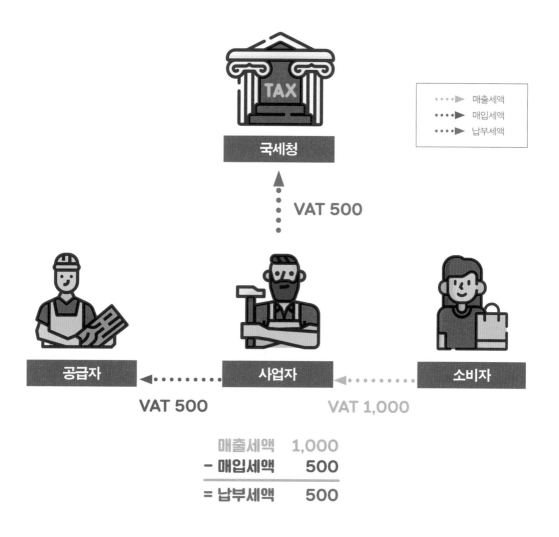

부가가치세의 특성

다단계 과세

솔직히 이해가 안 됩니다. 국세청의 주장을 정리하면, 결국 목수 아저씨도 500원을 세금으로 내야 하고 저도 500원을 내야 하잖아요. 그냥 저에게 한 번에 1,000원을 몰아서 내라고 하면 간단할 텐데, 국세청은 왜 이런 번거로운 일을 하는 걸까요?

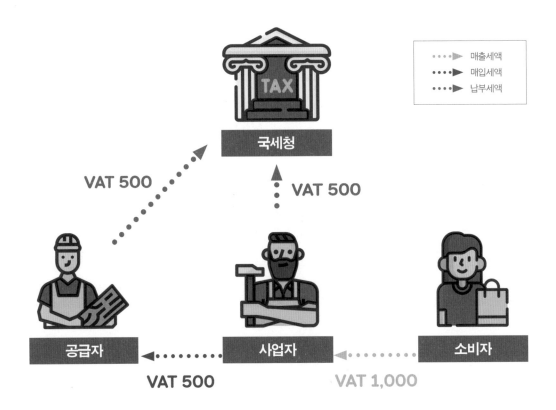

국세청의 빅 픽처

국세청이 알고 싶어 하는 정보에는 여러 가지가 있습니다. 그중에서도 겉으로 드러난 사업자 뒤에 있는 사람들의 매출액을 특히 궁금해합니다.

의자를 파는 저의 매출액은 대부분이 노출됩니다. 현금 거래의 비중이 급감해서 대부분은 카드로 거래가 이뤄집니다. 일부 현금 거래에 대해서도 세제 혜택을 받고자 소비자들이 현금 영수증을 요구합니다.

하지만 산에서 나무를 잘라서 파는 목수 아저씨의 매출은 제가 도와주지 않으면 국세청이 알 길이 없습니다. 그래서 국세청이 저에게 목수 아저씨에게 세금을 준 영수증을 가져다주면 제 세금을 깎아주겠다는 제안을 하는 것입니다.

저의 세금을 줄이기 위해서 저는 신고를 할 수밖에 없습니다. 제가 만일 영수증을 신고하지 않으면 저는 부가가치세 500원을 내는 것에서 멈추지 않고 나뭇값으로 지급한 5,000원을 경비로 인정받지 못할 테니까요. 그러면 더 많은 세금을 내야 하죠. 이게 국세청의 빅 픽처입니다.

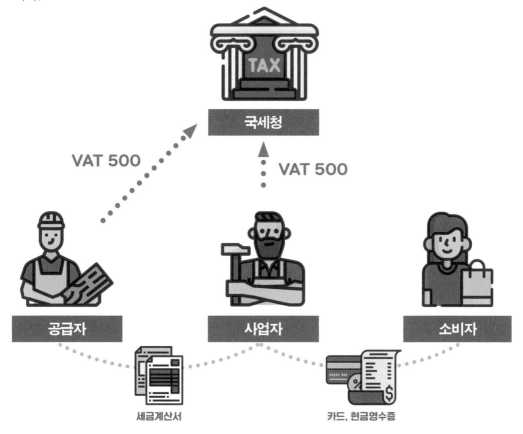

사업자

부가가치세는 기본적으로 사업자만 납부합니다. 사업자는 '사업상 독립적으로 재화와 용역을 공급하는 자'로 정의됩니다. 법원의 판례에서는 일정한 설비를 갖춘 이가 계속 반복적으로 물건 등을 공급한 경우 사업자로 보고 있습니다. 좀 어렵죠. 용어는 낯설지만, 돈을 벌 목적으로 본격적으로 나선 이에게만 부가가치세가 부과된다는 점은 알 수 있습니다.

실무에서는 조금 복잡합니다. 재미 삼아 동영상 몇 개를 유튜브에 올린 사람이나 당근마켓에 물건을 올려놓고 파는 사람에게 부가가치세를 내라는 말이 나오지는 않을 것입니다. 그러나 구독자가 늘어나서 앞뒤로 광고가 붙기 시작하면, 오프라인에서 팔던 물건을 당근마켓에서 팔고 있다면 국세청이 문제를 삼으리라는 것을 우리는 직관적으로 알 수 있죠.

그래서 부가가치세법에서는 매출액을 기준으로 사업자를 일반과세자와 간이과세자로 구분합니다. 일반과세자에게는 세금계산서 발행을 비롯한 의무를 부여하고 간이과세자에게는 상대적으로 가벼운 의무만을 부여합니다.

한편 부가가치세 자체를 면제해주는 면세사업자제도도 운영 중인데 이에 대해서는 뒤에서 살펴보겠습니다.

사업자?　　　　사업자?　　　　사업자!

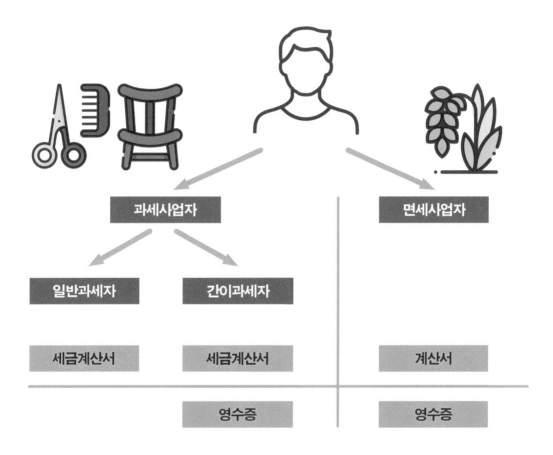

과세사업자

면세사업자

일반과세자

간이과세자

세금계산서

세금계산서

계산서

영수증

영수증

사업장

부가가치세는 사업장별로 신고·납부하는 것을 원칙으로 합니다.

부가가치세는 1977년에 도입되었습니다. 3개월에 한 번씩 신고·납부를 해야 하는데 당시에는 전사 단위로 매출을 집계하고 정리하기가 어려웠을 것입니다. 그래서 회사가 사업을 하는 각각의 사업장별로 별도의 등록번호를 받아 개별적으로 공급한 가액을 합쳐서 신고·납부하도록 제도를 만든 겁니다. 이를 '사업장별 과세 원칙'이라고 부릅니다.

'주사업장 총괄납부제도'를 활용하면 본점에서 몰아서 납부할 수 있으며, 회사 전체가 단일한 사업자등록번호를 가지고 본점에서 신고와 납부를 몰아서 할 수 있는 사업자단위과세제도도 운영 중입니다.

정리하면 부가가치세는 회사 단위로 신고·납부하는 것이 아니라, 사업장 단위로 사업자등록을 하고 신고·납부하는 것이 원칙입니다. 다만, 주사업장 총괄납부제도에서처럼 납부만 몰아서 하는 경우와 사업장이 없이 하나의 단위로 신고·납부하는 사업자단위과세제도*가 있다고 이해하시면 됩니다.

---

* 사업자단위과세제도가 있는데도, 지금처럼 전산이 발달한 세상에서 번거롭게 사업장별로 신고·납부를 해야 하는 사업장별 과세 원칙을 적용하는 회사가 존재하는 이유는 무엇일까요?

일부 회사의 사업장은 실질적으로도 독립적으로 운영됩니다. 당신이 의류 브랜드의 한 지점을 담당하고 있는 숍마스터라고 해봅시다. 당신이 지점의 매출액을 책임져야 하고 재고도 책임져야 합니다. 일정 수준의 매출액을 달성하지 못하면 인사상 불이익을 받을 수 있고, 지점의 창고에 보유 중인 재고가 혹시라도 분실될 경우 이 부분에 대해서도 일정 부분은 책임을 져야만 합니다. 그러니 당신에겐 다른 곳과 구분되는 이 지점만의 매출액과 매입액을 관리할 필요성이 생깁니다.

만약 이 지점만의 사업자등록번호를 발급받아 이 지점에서 판매된 부분에 대해서는 세금계산서를 발행하고, 본사 물류창고를 통해서 물건을 받을 때마다 별도의 자료를 가지고 있다면 매우 유용하겠죠. 본사도 각 지점에서 어느 정도의 재고를 가지고 있는지 확인하기 용이하고요. 이런 사업상의 필요 때문에 아직도 제도가 유지되고 있다고 보시면 됩니다.

구분	원칙(사업장별과세)	주사업장 총괄납부	사업자단위과세
✔사업자등록번호	사업장별	사업장별	본사
✔ 신고	사업장별	사업장별	본사
✔ 납부	사업장별	본사	본사

과세기간

부가가치세법에서는 1년을 상반기와 하반기로 나누어서 각각을 1기와 2기로 구분합니다. 각 기를 다시 3개월 단위로 쪼개 예정신고기한과 확정신고기한으로 구분합니다. 예를 들어 1월 부터 3월 말까지 매출·매입한 것은 4월 25일까지 신고하고, 4월부터 6월 말까지 매출·매입한 것은 7월 25일까지 신고해야 합니다.

최대한 조기에 세수를 확보하고 거래를 확정지으려는 의도가 반영된 것이 아닌가 하는 생각이 듭니다. 예정신고기한에 혹시라도 신고를 누락한 부분이 있다면 확정신고 시에 포함해서 함께 신고할 수 있습니다. 물론 늦게 제출하는 것이니 가산세는 부과되지만, 확정신고가 끝난 후에 신고하는 것보다는 훨씬 편하게 할 수 있습니다.

국세청에 낸 세금이 많을 경우에는 국세청에 돌려달라는 '경정청구'를 해야 하고, 추가로 더 내야 한다면 '수정신고'를 해야 합니다. 이때는 별도의 신고서도 필요하고, 가산세율도 높습니다.

요약하자면, 적어도 6개월 단위로는 세금을 정리하고 살라는 의미 정도로 받아들이면 될 것 같습니다.

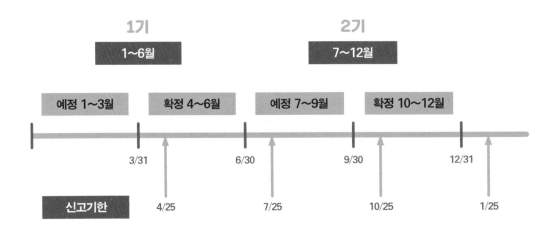

Key Point

과세 대상

부가가치세는 재화의 공급, 용역의 공급, 재화의 수입을 과세 대상으로 합니다. 어려워 보이지만 하나하나 살펴보면 별것 없습니다. 재화는 물건을, 공급은 넘겨주는 것을 의미합니다. 용역의 공급은 머리를 다듬어주는 것처럼 서비스를 제공하는 것을 의미하고요. 재화의 수입은 외국에서 명품 같은 것을 사 가지고 올 때 세관에서 부과하는 것으로 보면 됩니다.*

각각을 깊이 파고들자면 할 이야기가 정말 많지만 꾹 참도록 하겠습니다. 다만 상식적으로는 공급으로 보이지 않는데 공급으로 보아 과세를 하는 것과 정반대로 공급처럼 보이는데 공급으로 보지 않는 개념에 대해서만 설명하겠습니다.

재화의 공급

용역의 공급

재화의 수입

* 부가가치세는 사업자 간의 거래에서만 발생하는데, 재화의 수입에서는 수입하는 사람이 사업자가 아니어도 부가가치세가 부과됩니다. 신혼여행을 다녀온 부부가 사 온 명품에 관세와 부가가치세가 부과되는 것을 생각하면 쉽게 이해할 수 있을 것입니다.

간주공급과 용역

간주공급과 예외

페인트회사에서 페인트를 만들어 자사 공장의 벽에 칠을 했습니다. 국세청은 이 상황을 보면 분노할 것입니다. 정상적으로 출고가 되어 마트에서 페인트를 구매했다면 국가가 판매 금액의 10%를 부가가치세로 징수할 수 있었을 텐데, 본인들이 생산한 물건을 본인들의 사업을 위해서 소비해버렸으니 문제로 보는 것입니다.

유난을 떤다고 생각할 수도 있지만 이는 매우 중요한 개념입니다. 국세청 입장에서는 이 페인트가 공장 벽에 쓰인 것인지 페인트회사 사장이 몰래 현금을 받고 매각해서 비자금을 만든 것인지 알 수 없기 때문에 이런 부분은 심각하게 관리합니다. 이를 '간주공급'이라고 합니다.

사업자가 사업을 위해서 외부인에게 회사가 생산한 재화를 주는 경우도 부가가치세법에서는 간주공급의 하나로 보아 부가가치세를 부과합니다. 그런데 예외가 있습니다. 바로 견본품으로 주는 것입니다. 고객에게 페인트 한 상자를 선물로 주었다면 용인할 수 없지만, 품질을 확인하기 위해서 전달한 샘플이라면 용인할 수 있다는 의미입니다.

용역의 무상공급과 자가공급

용역은 쉽게 말해서 머리를 다듬어주는 것을 떠올려보면 됩니다.

용역을 무상으로 공급하거나 자가공급하면 부가가치세를 부과하기가 매우 어렵습니다. 똑같은 장소에서 똑같은 서비스를 제공해도 가격이 다르고, 같은 사람이 같은 서비스를 제공해도 가치가 다를 수 있습니다.

당신이 청담동의 유명한 헤어숍에 예약을 하고 갔다고 해봅시다. 원장님이 머리를 다듬어주기로 했는데 갑자기 바쁜 일이 생겨서 제가 대신 잘라드리겠다며 가위를 잡았습니다. 느낌이 어떨까요? 공포영화를 보는 듯하지 않을까요? 같은 장소의 같은 가위지만 전혀 다른 가치를 갖게 된 겁니다.*

그러다 보니 객관적인 가치를 측정할 수 없는 용역을 무상으로 제공하는 경우나, 스님이 자기 머리를 다듬는 것처럼 자가공급을 하는 경우에는 부가가치세를 부과하지 못합니다.**

내 공장에서 만든 페인트를
내가 썼는데 세금 내라고?

무료로 해주신다고요?

* 삼일회계법인에서 일할 때 외부에서 많은 강연 요청이 들어왔습니다. 힘있는 곳에서 강연 요청이 오면 부담을 느껴서 대부분 고사하고 후배에게 넘기시는 분들이 많았어요. 그 덕에 저도 비교적 낮은 연차일 때 사법연수원에서 강의를 하게 되었습니다. 편한 마음으로 강의를 하러 일산의 사법연수원으로 갔는데 대강당에서 700분이 저를 기다리고 계시더군요. 깜짝 놀랐지만 열심히 강의를 했고, 다행히도 피드백이 나쁘지 않아서 5년간 강의를 할 수 있었습니다.

재미있는 것은 제가 받은 강연료입니다. 얼마를 받았을까요? 시간당 무려(?) 3만 원을 받았습니다. 돈 벌려고 한 건 아니지만 너무하다 싶어서 여쭤보니 국립대학교 교수급으로 책정한 금액이라고 하시더군요. 또 한 번 깜짝 놀랐죠.

그 강의가 인연이 되어 검찰에서도 강의를 계속했습니다. 처음에 서초동 중앙지검에서 강의를 할 때의 일입니다. 워낙 무서운 곳이라 강연료 이야기는 꺼내지도 못한 채 강의를 수차례 했습니다. 하루 업무를 마치고 저녁 시간에 하는 강의라 피곤하기 이를 데 없었지만 정말 열과 성을 다해서 열심히 했습니다. 마지막 날 강연료로 커다란 꽃다발을 받은 기억이 납니다.

그 이후로 검찰이나 국세청 강의를 할 때는 칼같이 제값을 받고 강의를 하고 있는데요, 이처럼 같은 사람이 같은 강의를 해도 가격이 다를 수 있습니다.

** 특수관계자 간 사업용부동산의 무상 제공에 대해서는 예외적으로 과세를 합니다. 아버지가 아들에게 상가를 무상으로 사용하게 하면 적절한 과세로 형평을 맞추는 것이 당연하기 때문입니다. 참고로, 재화를 무상으로 공급한 경우에는 시가로 과세합니다.

영세율

해외여행을 다녀온 적이 있다면 아마 기억하실 겁니다. 입국하기 전에 비행기에서 뭔가를 쓰라고 하죠. 면세한도를 초과하여 사 온 물건에 대해서는 관세청에 신고하고 관세를 내라고하는 것이죠. 많은 사람이 관세만 생각했다가 놀라곤 합니다. 해외에서 구매한 가격에 관세등을 모두 포함하고 맨 마지막에 10%의 부가가치세를 내라고 하기 때문입니다. 직구를 할때도 마찬가지입니다.

앞에서 재화의 수입은 과세 대상이라고 말씀드렸죠. 물건을 수입하는 사람이 사업자가 아니어도 과세가 됩니다. 안 그러면 국외에서 수입하는 업자들만 부가가치세를 부담하게 돼 불공평해지니까요.

재미있는 것은 이 물건을 사 올 때의 상황입니다. 아마도 공항에서 'TAX REFUND'라고쓰인 창구를 본 적이 있으실 겁니다. 그 나라에서 낸 세금을 출국 전에 돌려주는 제도입니다. 우리나라는 상대적으로 부가가치세율이 낮은 편에 속합니다. OECD 국가는 평균적으로20% 정도이니 10%는 낮은 편이죠. 그런데 캐나다는 5%로 우리보다 더 낮습니다. 예를 들어제가 캐나다에서 100만 원을 주고 노트북을 구입한다면 105만 원을 지급해야 하죠. 노트북을 파는 회사가 한국에서도 같은 가격(100만 원)을 고수한다면 한국에서는 부가가치세 10만 원이 포함된 110만 원이 노트북 가격이 됩니다. 문제는 제가 캐나다에서 사 온 금액 105만 원에 대해서 한국세관장이 10%의 부가가치세를 부과하면 10만 5,000원을 부가가치세로 내야한다는 겁니다. 실질적으로 제가 부담한 금액은 115만 5,000원이 되어서 한국에서 그냥 구입한 것보다 더 비싸지고 맙니다.

노트북과 같은 주된 수출품이 아닌 것은 상관이 없을지 모르겠지만, 캐나다 입장에서 한국에 수출하고 싶은 물건이 이런 방식으로 수출된다면 가격 경쟁력을 갖출 수가 없습니다. 결국 캐나다에서는 수출할 때 자기 나라에서 부과했던 세금은 모두 취소시켜줍니다. 제가 캐나다 가게에서 105만 원을 주고 노트북을 샀더라도 공항에서 출국 전에 5만 원을 환급해주면전 100만 원에 노트북을 산 셈이 되죠. 그런 후 한국세관장이 10%의 세율로 부가가치세를부과하더라도 110만 원이 되므로 국내에서 구입하는 것과 동일한 경쟁력을 가지게 됩니다.

이처럼 영의 세율을 적용하는 제도를 '영세율제도'라고 합니다. 영세율은 국가의 수출을 증대하는 데 큰 도움이 됩니다. 우리나라도 수출하는 재화 등에 대해서는 영세율을 적용하고 있습니다.

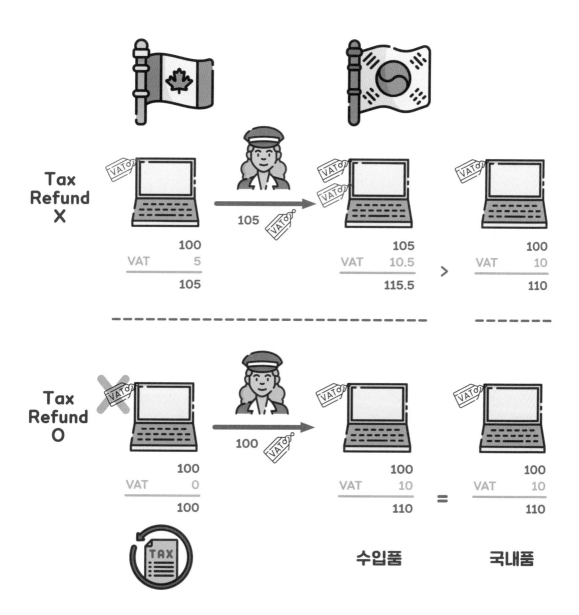

면세

부가가치세는 비난을 많이 받는 세금 중 하나입니다. 가난한 사람이나 부자나 동일한 세율을 적용받으니까요. 대기업 회장이 임원들과 회의하면서 쓰는 마커에도 10%의 세금이 붙어 있고, 노숙자가 종이 박스에 좀 보태달라고 적기 위해서 구입한 마커에도 동일한 세금이 붙어 있습니다. 이게 마커면 상관이 없지만 쌀이라면 이야기가 달라집니다.

부가가치세의 특성이 소비자에게 최종 판매 가격의 10%를 세금으로 부담시키는 것이어서 태생적으로 가격을 상승시키는 부작용이 있습니다. 이런 부작용을 '부가가치세의 역진성'이라고 합니다.

그러다 보니 국가에서는 생필품 등에 대해서는 부가가치세를 아예 면제해주는 면세제도를 운영하고 있습니다. 면세제도는 군면제와 비슷하게 생각하면 이해하기 쉽습니다. 특정한 사유에 해당하는 사람들은 입대가 면제됩니다. 그리고 군법의 적용을 받지 않죠. 이처럼 면세사업자 역시 부가가치세법상의 어떤 규정도 따르지 않아도 됩니다. 완전히 면제가 되었기 때문입니다.

면제가 된 만큼 혜택도 주어지지 않습니다. 군면제자에게는 군복도 안 주고 밥도 안 주듯이 말이죠. 부가가치세법에서 납세자에게 주는 혜택이란 무엇일까요? 바로 전 단계에서 이미 납부한 부가가치세액을 공제해주는 제도입니다. 나무 의자를 만들어 팔 때 500원을 공제해준 그 혜택을 받지 못하는 것입니다.*

---

* 이 때문에 면세 재료를 사용하는 식당은 더 큰 문제가 발생할 수 있습니다. 면세되는 농수산물을 재료로 재화나 용역을 제공했는데 과세 대상이 된다면 소득이 더 늘어날 수 있기 때문입니다. 제가 5,000원에 농수산물을 사서 1만 원에 식사를 만들어 파는 사람이라면 부가가치세 1,000원을 모두 내는 셈이 되거든요.
그래서 면세사업자와 거래를 하는 사업자에게는 실제로 존재하지는 않는 가상의 비용을 매입세액으로 보아 공제해주는 제도를 두고 있습니다. 이를 '의제매입세액공제제도'라고 부릅니다.

면세사업자   과세사업자

공급자   사업자   소비자

5,000   10,000

VAT 0   VAT 1,000

매출세액	1,000
− 매입세액	0
= 납부세액	1,000

위험한 부가가치세

무섭지 않은 부가가치세?

부가가치세는 피하기가 어려운 세금입니다. 그런데 실무에서 부가가치세에 공포심을 느끼는 납세자는 드뭅니다. 세액에 대한 부담은 느낄 수 있지만 그렇게 어렵다고는 생각하지 않는 것 같습니다. 게다가 보통 사람들은 그런 세금이 있다는 것조차 모릅니다. 스타벅스에서 커피를 사면서 영수증 끝에 적혀 있는 부가가치세라는 단어를 보는 정도가 대부분이죠.

직접적으로 세금과 관련된 업무를 하는 사람도 마찬가지입니다. 처음에는 "세금계산서 받으실 이메일을 알려주세요"라는 메일에 당황하지만 내부결재용 자료를 정리하면서 몇 번 하다 보면 자신감이 생깁니다. 그나마도 대부분은 재무팀 이메일 주소를 알려주거나 담당 세무사에게 보내면 되니 사실 그렇게 부담이 되는 세금은 아닙니다.

이런 상황에서 "부가가치세는 매우 어렵고 위험할 수 있으니 조심해야 합니다"라고 말하면 설득력이 없을 것입니다. 누군가가 "평상시에 짜고 맵게 먹으면 안 좋아"라는 이야기를 떠들고 다닌다고 해봅시다. 보통은 신경이나 쓰겠습니까만, 맵고 짠 음식을 즐기는 집안의 가족 중 하나가 병원에 실려 간다면 이야기는 달라질 겁니다.

매우 위험한 부가가치세

부가가치세는 평상시에는 문제가 안 됩니다. 그래서 과감히 처리하는 경우도 많이 볼 수 있습니다. 갑의 전화 한 통에 세금계산서 발행을 취소하고 변경합니다. 기존에 사용하던 거래처의 사업장 정보가 변경되었는데도 사업자등록번호를 확인하지 않고 그냥 발행합니다.

이런 행태가 예전에는 큰 문제가 되지 않았지만, 최근에는 매우 위험해졌습니다. 국세청이 매우 똑똑해졌거든요. 생각보다 많은 정보를 알고 있고, 그 정보를 통해 이런 거래에 대해서 설명을 요구하는 경우가 많아졌습니다. 단언컨대 부가가치세는 결코 쉬운 세금도, 마음대로 처리할 수 있는 세금도 아닙니다.

실무에서는 세금계산서를 짧게 '계산서'라고 부르는 사람이 많습니다. 실제로는 과세사업자가 발행하는 것이 세금계산서이고 면세사업자가 발행하는 것이 계산서이니 구분해서 말하는 것이 옳습니다.

부가가치세가 위험해진 이유

많은 정보를 알게 된 국세청

문구점에 가서 연필을 산다고 해봅시다. 4개들이 한 팩을 5,000원에 사면서 1만 원짜리 한 장을 건넸더니 문구점 주인이 현금영수증을 발행할지 물어봅니다. 귀찮지만 "네"라고 짧게 대답하고 핸드폰 번호를 알려줍니다. 특별한 일인가요? 우리의 일상입니다.

　그런데 이것으로 모든 것이 끝나버렸습니다. 산타 할아버지는 우리가 착한지 안 착한지 알기 어렵지만, 국세청은 모두 압니다.

소매상　　소비자

카드, 현금영수증

사업자 간 거래는 세금계산서로, 소비자와의 거래는 카드와 현금영수증으로

국세청은 사업자와 사업자 간의 거래에 대해서는 세금계산서로, 사업자와 개인 간의 거래에 대해서는 카드와 현금영수증으로 규제합니다. 세금계산서와 현금영수증은 서버 자체가 국세청 소유물입니다. 즉 내가 문구점에서 연필을 구매한 순간 국세청은 모든 거래를 확정할 수 있습니다.

문구점과 도매상은 사업자들이니 이들 간의 거래는 세금계산서로 입증됩니다. 도매상과 연필 제조공장 간의 거래도 세금계산서로 확인됩니다. 즉 내가 연필을 구입한 즉시 국세청은 본인들의 서버만 뒤져봐도 언제 어느 정도의 거래가 있었는지 어렵지 않게 확인할 수 있는 겁니다.

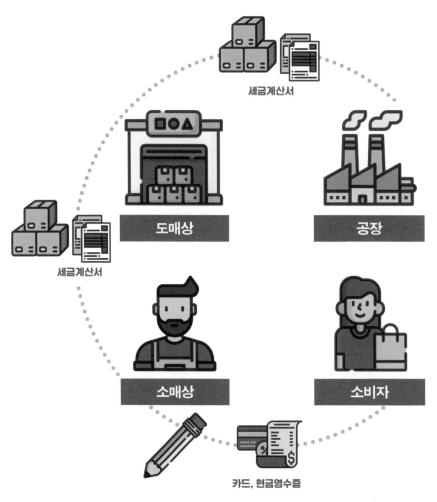

데이터를 기반으로 이상 징후를 조기에 발견

어쩌면 "그래서요?"라고 하실지도 모르겠네요.

'그래서' 국세청은 이상한 거래들을 큰 걱정 없이 뽑아낼 수 있습니다. 연필을 사기만 하고 팔지 않는 문구점이나 산 연필도 없는데 판매만 하는 문구점들을 뽑아 낼 수 있다는 의미입니다. 그러다 보니 예전엔 상상도 못 하던 일들이 벌어집니다.

국세청이 사업자들의 탈세 행위를 일일이 잡아낼 수 있다고 생각하는 사람은 드물 겁니다. '대한민국에 사업자가 얼마나 많은데'라면서 말이죠. 그런데 IT의 도움을 받으면 상상을 초월하는 일도 해낼 수 있습니다. 즉 처음에 이상 징후를 보이는 거래를 유형별로 정리해서 시스템에 심어놓기만 하면, 이상 징후가 발생할 때마다 확인할 수 있습니다.

사실은 이 점이 책을 쓰게 된 계기였습니다. 이전에는 아무것도 모르는 것처럼 보이던 국세청이 갑자기 똑똑해졌다고 이야기하는 사람들이 주위에 많이 늘었거든요. 더구나 예전 같으면 과세당국의 레이다에서 한참 벗어나 있던 작은 사업체조차 세무조사의 대상이 되었기 때문입니다.

1년 매출이 1억도 안 된다면,
세무조사를 받을까?

친구가 갑자기 카톡으로 질문을 합니다.

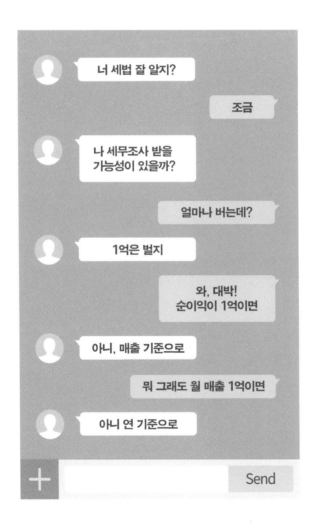

이 친구 세무조사 받을까요? 연매출이 1억 원이면 월매출은 800만 원 내외일 것이고, 마진율을 25%로 잡아도 한 달에 200만 원 버는 사업자입니다. 이런 친구가 조사를 받을까요?

우리나라에는 개인사업자가 750만 명 정도 됩니다. 그중에서 세무조사를 받는 이들이 매년 4,000명 정도 되는데요. 여기에는 연매출 1억 원이 안 되는 이들이 250명 정도씩 포함됩니다. 믿기십니까?

조사 대상자를 고르는 패러다임이 바뀌었다

예전에는 세무조사 방식이 단순했습니다. 각자 식당을 운영하는 사람 몇 명이 있다고 해봅시다. 각자의 연매출이 10억 원이고 경비가 8억 원으로 동일하다면, 이들은 모두 2억 원의 소득을 거둔 셈입니다. 그런데 그들 중에서 A는 경비가 9억 원이고, B는 경비가 7억 원이라고 해봅시다. 모두가 소득이 2억 원이라고 신고했는데 예외적으로 A는 1억 원, B는 3억 원인 겁니다. 누가 세무조사 대상이 될까요?

국세청은 가장 먼저 A를 조사할 것입니다. 매출액이 동일한데 A만 이익이 적으니까요.

그렇다면 B가 세무조사를 받을 확률은 얼마나 될까요? 매우 낮을 겁니다. 다른 사람에 비해서 세금을 상대적으로 많이 냈으니까요.

이것이 기존에 세무조사 대상을 찾아내던 방식이었습니다. 소득률을 조사하여 그 평균에서 벗어나는 사람들을 조사하는 거죠. 그런데 지금은 상황이 완전히 바뀌었습니다.

예를 들어 국세청이 기준금액을 1억 원으로 설정했다고 가정해봅시다. 국세청은 사업자가 쓴 돈에 대해서 적격 증빙을 요구합니다. 앞에서 살펴본 세금계산서와 카드, 원천징수영수증 같은 것들이죠. 그런데 앞서의 B가 신고한 경비 7억 원 중에서 5.9억 원에 대해서만 정규증빙을 가지고 있고 나머지 1.1억 원에 대해서는 정규증빙을 수취하지 않았다면 어떤 일이 벌어질까요?

이 사람이 세무조사를 받을 확률은 100%입니다. 국세청은 전산으로 다양한 정보를 취득하고 있습니다. 그런 정보를 통해 납세자의 큰 흐름을 관리하죠. 그중에서도 TAX GAP이라는 개념은 매우 중요합니다. 정규증빙으로 설명되지 않는 비용에 대해서는 국세청이 주목하겠다는 의미입니다.

이게 예전 시대라면 문제가 되지 않습니다만, 국세청이 빅브러더가 되어가는 요즘에는 웃어넘길 수가 없습니다. 누군가가 쳐다보고 판단하는 것이 아니라 전산으로 자동으로 통보되어 조사가 되는 시스템이라면, 규모가 작거나 탈루 혐의가 사소하더라도 안심할 수 없다는 이야기니까요.

과속 방지 카메라는 자비가 없습니다. 주차단속은 넘어가기도 하고 봐주기도 하고, 한 번 위반해서 카드를 발부했다면 어느 정도 융통성을 보여주죠. 하지만 과속 방지 카메라는 정한 수치를 넘어가는 즉시, 반복적이고, 정확하고, 지속적으로, 예외 없이 과태료를 부과합니다. 국세청의 과세 방식이 주차단속에서 고정식 과속 방지 카메라로 바뀌었다고 보면 됩니다.

물론 온갖 편법으로 과속 방지 카메라를 피하는 사람들도 있겠지만 대부분은 더 큰 처벌을 받습니다. 예컨대 번호판을 구부린다거나 뭔가로 번호판을 가리는 이들이 있는데, 결국 더 큰 처벌이 기다리고 있죠.

세상이 바뀌었고 그 바뀐 세상의 중심에는 세금계산서가 있습니다. 그럼 세금계산서를 어떻게 발행해야 하는지, 그리고 발급을 잘못하면 무슨 문제가 있는지 살펴보겠습니다.

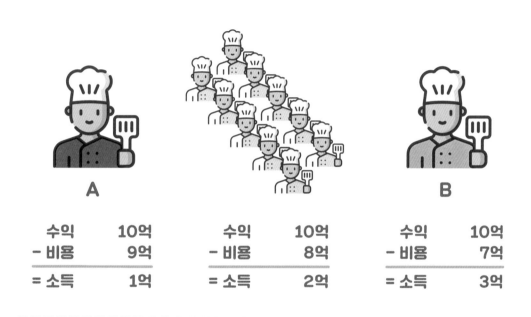

정규증빙 미수취 금액 > 기준금액

Exercise ━━━━━━━━━━━━━━━━━━━━━━━

매출세액과 과세표준

매출세액 − 매입세액 = 납부세액

앞에서 살펴본 바와 같이, 부가가치세는 기본적으로 매출에 10%를 곱한 금액을 매출세액으로 하고 매입한 세액을 공제해주는 것입니다. 의자를 1만 원에 판매한 경우 1만 원에 10%를 곱한 1,000원이 매출세액이 되고, 목수 아저씨에게 나무를 사 올 때 부담한 매입세액 500원을 차감한 500원이 납부세액이 됩니다.

부가가치세 계산에서 첫 번째 쟁점은 세율을 곱한 금액인 1만 원입니다. 이를 '과세표준'이라고 합니다. 두 번째 쟁점은 매입세액 중 어느 금액이 공제가 되느냐입니다.

과세표준

 빼기: 포함하지 않는 금액

과세표준은 내가 공급한 금액을 기준으로 하여 합리적인 조정을 해주면 됩니다.

예를 들어보겠습니다. 제가 찜질방에 맥반석 계란을 납품하는 업자입니다. 매일 30판씩 판당 1만 원에 납품하는데 고객님께 전화가 왔습니다. 아래쪽에 있던 한 판에서 계란이 절반 정도 깨졌다는 겁니다. 저는 사과를 하고 반품해드려야겠죠? 제가 받을 돈은 30만 원에서 환입된 1만 원을 뺀 29만 원이 됩니다. 그런데 고객님의 핀잔이 이어집니다. 아래 10판 정도는 알이 좀 작은 것 같다네요. 사진을 보니 정말 그렇더군요. 3만 원을 에누리해드렸습니다. 이제 나는 26만 원을 받으면 됩니다. 그런데 고객님이 되게 눈치가 없다고 한마디 하십니다. 아차, 매일 주문하시고 현금으로 곧장 입금해주시니 할인해드려야죠. 추가로 1만 원을 할인해서 25만 원만 받기로 합니다.

이 경우 매출세액의 기준이 되는 과세표준 금액은 얼마일까요? 25만 원입니다. 매출에누리나 환입, 할인 모두 공급한 재화에 변화가 일어난 부분입니다. 그러니 공제를 해주는 것이 맞습니다.

무시: 공제하지 않는 금액

    동네에 있는 다른 찜질방에서 일하는 분이 조심스럽게 물어보십니다. 자기가 혹시 찜질방에 납품하는 거 소개해주면 소개비를 좀 줄 수 있느냐고요. 당연히 드릴 수 있습니다. 경쟁이 치열한데 다른 분도 소개해주시면 건당 5만 원씩 드리겠다고 말씀드렸습니다.

    이렇게 장려금을 지급하면 제가 받을 돈은 5만 원만큼 줄어듭니다. 30판을 새로운 고객에게 납품하면 25만 원이 제 수입이 되죠. 이 경우 부가가치세 과세표준 금액은 얼마일까요?

    30만 원이 될 겁니다. 임의성이 개입된 장려금 때문에 세금이 줄어드는 건 국가가 용인하지 않을 것이 분명하니까요.

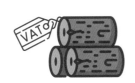

VAT 500

사업자

VAT 1,000

매출세액	10,000 × 10% = 1,000
− 매입세액	500
= 납부세액	500

공급가액에 포함하지 않는 금액

(−)
- 매출에누리
- 매출환입
- 도달 전 파손 · 훼손 가액
- 연체이자
- 매출할인

과세표준에서 공제하지 않는 금액

- 대손금
- 판매장려금

무시

매입세액과 매입세액 불공제

매입세액공제 요건 1 – 증빙 수취

매입세액을 공제받기 위해서는 1차적으로 증빙을 수취해야 합니다. 증빙이 없다면 전 단계의 사업자가 제대로 신고를 하지 않을 가능성이 크니 정규증빙인 세금계산서나 카드매출전표 등의 증빙을 수취하는 것을 전제로 합니다.*

　사업자가 아닌 자와의 거래에서 지급한 금액이나 부가가치세가 부과된 적이 없는 면세 관련 항목 등에 지급한 금액 등은 애초에 세금계산서를 받을 수 없죠. 일부는 카드로 결제가 가능할지 모르겠지만 세금계산서를 발행할 수 없는 거래이므로 매입세액으로 공제를 받을 수 없습니다.

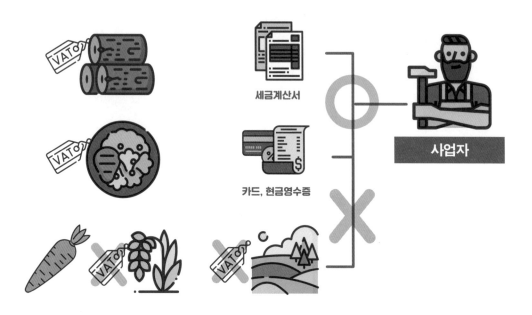

* 정규증빙인 세금계산서 외에 신용카드를 사용하는 경우에도 공급자가 얼마나 판매했는지를 알 수 있기 때문에 공제를 해줍니다. 물론 세금계산서를 발행할 수 없는 면세사업자나 간이과세자가 발행한 경우는 제외됩니다.

매입세액공제 요건 2 – 업무 관련성

국세청이 매입세액으로 공제를 해주는 이유는 회사의 업무에 필요하다고 봤기 때문입니다. 나무 의자를 만드는 사업자에게는 원목과 같은 원자재가 필요합니다. 그리고 톱과 같은 생산 도구도 필요하죠. 일을 하면서 밥도 먹어야 하고요. 이런 비용들은 모두 공제가 가능합니다.

그러나 앞에서 살펴본 면세 관련 매입세액이나 접대와 관련된 매입세액은 국세청 입장에서 공제해주기 어렵습니다. 업무와의 관련성도 문제이지만 조세정책적으로 혜택을 주는 것에 부정적이기 때문입니다.

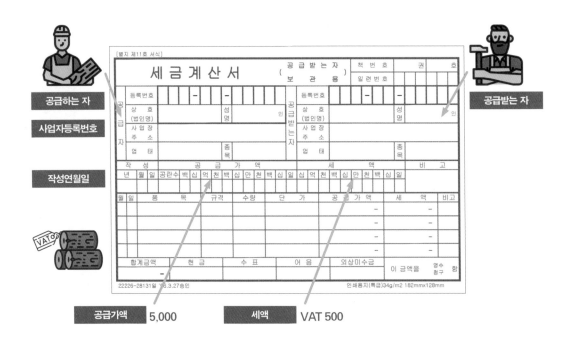

Exercise

세금계산서를 살펴봅시다

필요적 기재사항

세금계산서는 워낙 익숙한 서식이라 세금을 전혀 모르는 사람들도 한 번쯤은 봤으리라 생각합니다. 그런데 예전과 달리 실제 서식을 볼 수 있는 경우는 많지 않습니다. 전자세금계산서의 형태로 메일만 주고받다 보니 세부 항목은 대부분 잘 모릅니다.

세금계산서에는 다음과 같은 내용이 들어갑니다. 공급을 하는 사람의 정보가 먼저 나옵니다. 이름, 번호, 날짜, 금액, 세액 정도죠. 공급을 받는 사람은 사실상 번호 정도의 정보만 있습니다. 국세청 입장에서는 파는 사람의 정보가 훨씬 중요합니다. 사는 사람은 악착같이 신고해서 세액을 공제받겠지만 파는 사람은 어떻게든 매출을 누락하고 싶어 할 테니까요.

184

제일 중요한 것은 날짜

세금계산서에서 가장 중요한 요소를 골라보라고 하면, 회사로서는 금액을 꼽겠지만 전문가들은 날짜를 고를 확률이 높습니다. 이 날짜 하나로 온갖 난리가 벌어지기 때문입니다.

세금을 늦게 내는 것을 국세청 입장에서 생각해봅시다. 넘어가기 힘든 일이 될 겁니다. 부가가치세는 이 세금계산서에 적힌 날짜 및 세금을 납부하는 날짜와 밀접하게 연결되어 있습니다. 그러니 날짜를 제대로 적도록 강제하는 겁니다. 만약 날짜를 어겼다면 세금계산서를 부실하게 작성한 죄로 가산세를 부과합니다. 문제는 가산세율이 최고 3%에 달하다 보니 웃어넘길 수준이 아니라는 겁니다. 회사 전체의 이익률이 3%가 안 되는 터에 세금계산서 하나 잘못 발행했다고 3% 가산세를 내면 남는 것이 하나도 없으니까요.

세금계산서는 부가가치세법상의 재화 또는 용역의 공급시기를 작성연월일로 보도록 하고 있습니다.

작성연월일 ≒ 공급시기

세금계산서를 발행할 때마다 혼란스러운 부분이 날짜가 너무 많다는 겁니다. 제가 굳이 이 날짜들을 구분하려는 이유는 나중에 살펴볼 가산세가 대부분 날짜 때문에 발생한다는 점을 알려드리기 위해서입니다.

1. '작성연월일'은 세금계산서에 적힌 날짜입니다.
2. '발급일'은 앱이나 컴퓨터에서 전자계산서 발급 버튼을 클릭한 날입니다.
3. '공급시기'는 세법에서 공급이 일어난 것으로 보는 날짜입니다.

원칙적으로 세 가지는 같아야 합니다. 예를 들어 재화의 공급의 경우 부가가치세법에서는 재화가 인도되는 날을 공급시기로 봅니다. 동일한 날짜를 작성연월일로 해서 세금계산서를 작성하고, 동일한 날짜에 고객에게 클릭해서 세금계산서를 발행하게 하면 아무런 문제가 없습니다.

솔직한 생각으로 이 뒷부분은 읽지 않으셨으면 좋겠습니다. 세법상의 공급시기에 맞추어서 세금계산서를 작성하고 발급하면 아무런 문제가 없기 때문입니다. 그런데 이 일이 왜 그토록 어려울까요? 그리고 세금계산서를 잘못 발급하면 어떤 문제가 생길까요?

공급시기

부가가치세법상 공급시기

먼저 부가가치세법의 공급시기부터 보겠습니다.

부가가치세법에서는 재화의 경우에는 인도 시점, 용역의 경우에는 역무의 제공이 완료된 시점에 공급이 일어난 것으로 봅니다. 다만 장기할부판매나 중간부 조건, 완성도 지급처럼 대가를 분할해서 지급하는 경우에는 대가의 각 부분을 받기로 한 때를 공급시기로 봅니다.

이해되는 면이 있습니다. 장기할부판매는 만기가 1년이 넘고 대가를 분할해서 지급받는 방식의 판매를 말합니다. 자동차회사가 자동차를 팔면서 잔금을 36개월 동안 분할해서 받았는데, 재화가 인도되는 시점에 부가가치세를 몰아서 내라고 하면 불만을 느끼겠죠. 그래서 국세청에서도 당신들 계약서상의 받기로 한 날짜에만 세금계산서를 발행하면 아무런 문제가 없다고 안내를 한 겁니다.

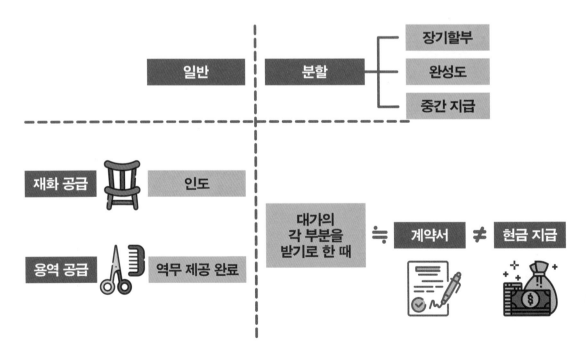

단골 세무조사 대상

문제는 이런 거래가 세무조사 시 주된 타깃이 된다는 점입니다. 솔직히 얘기해봅시다. 우리 물건이 언제 인도되었는지 국세청이 쉽게 파악할 수 있으리라고 생각하십니까? 세무조사는 사후 서면조사입니다. 조사하는 시점에서는 맥반석 계란이 다 인도되거나 머리를 다 다듬은 후일 테니 언제 실제 공급이 있었는지 국세청에서 확인하기는 현실적으로 쉽지 않습니다.

이를 믿고 실무에서는 세금계산서를 막 발행합니다. 갑이 원하는 날짜에, 갑이 원하는 금액으로, 갑이 정한 방식으로 발행하고 수정도 합니다. 국세청이 확인할 방법도 없고 오랫동안 큰 문제 없이 잘 작동해온 방식이니까요. 현업 담당자들은 재무팀과 적절한 커뮤니케이션을 거치지 않고 용감하게 세금계산서를 발행합니다.

그러다가 문제가 터집니다. 일반적인 경우가 아니라 대가를 나누어서 지급하는 경우는 국세청이 조사하기 아주 쉽습니다. 계약서에 발급해야 할 날짜가 정해져 있고, 그 날짜를 어긴 세금계산서를 서면조사 시 확인할 수 있습니다. 문제가 안 되겠습니까?

특히 계약서는 양 당사자가 머리를 맞대고 오랜 시간 협의해서 도출한 결론입니다. 간단히 수정하기도 어렵습니다. 실무에서는 현금 지급 시점을 기준으로 세금계산서를 발행하는 경우가 많습니다. 어설프게 세금계산서만 먼저 발행했다가는 세금만 먼저 내고 나중에 국가로부터 돌려받는 데에는 시간이 한참 걸리기 때문입니다. 그러다 보니 사실과 다른 세금계산서가 발행되는 경우가 많은데, 이 때문에 국세청의 집중 견제를 받으면서 주요 조사 대상이 됩니다.

세금계산서

세금계산서와 가산세

다시 말씀드리지만, 세금계산서는 공급시기를 작성연월일로 해서 발급하면 아무런 문제가 없습니다(그래서 뒷부분은 안 읽으셨으면 좋겠다고 이야기한 거고요). 재화는 공급시기에, 용역은 역무의 제공이 완료되는 시기에, 그리고 대가를 나누어 받는 경우에는 계약서대로 세금계산서를 발행하면 됩니다.

아무리 피치 못할 사정이 있어도 계산서를 잘못 발행하는 건 무조건 불이익 대상입니다. 사고를 늘 피할 수 있는 것은 아니지만, 그래도 조금은 대비할 수 있도록 간단하게 관련 위험을 살펴보겠습니다. 세금계산서는 선발급, 정상발급, 지연발급, 미발급으로 나누어볼 수 있습니다.

대략 구분하면 다음 그림과 같습니다.

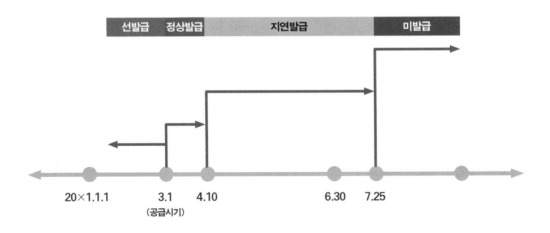

정상발급, 월별합계세금계산서

기본적으로 세금계산서는 공급한 달의 다음 달 10일까지는 발급할 수 있습니다. 이 한 문장이 엄청나게 어렵고도 중요합니다. 너무나 많은 개념이 녹아 있거든요.

예를 들어 제가 3월 1일에 재화를 공급했다면, 세금계산서에 이 날짜를 적고 같은 날 클릭을 해서 고객에게 세금계산서를 발급해도 됩니다. 그런데 거래가 여러 건 이뤄진다면 날마다 이런 일을 하기가 번거로울 수도 있습니다. 그래서 한 달 치를 몰아서 한꺼번에 발행할 수 있는데 이를 '월별합계세금계산서'라고 부릅니다.

이 세금계산서는 발급하는 방식이 조금 독특합니다. 한 달 이내의 기간에 회사들이 정한 기간을 합쳐서 발행하면 되지만, 편하게 한 달 치를 합쳐서 발행해보겠습니다. 3월 한 달 동안(3/1~3/31) 공급한 가액을 모두 합쳐서 계산하고 세금계산서에 적힌 날짜인 작성연월일은 3월 31일로 적습니다. 실제로 한 달 동안 공급한 금액들을 집계하는 데 시간이 걸릴 것입니다. 그러니 여유가 필요합니다. 국세청은 세금계산서 날짜만 3월 말일로 기록되었다면 4월 10일까지만 '클릭'을 해서 고객에게 보낼 경우 정당한 세금계산서로 인정해줍니다.[*]

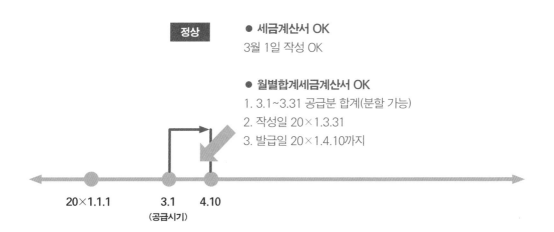

*구분이 되십니까? 이 세금계산서는 작성연월일이 3월 31일이니 1월부터 3월까지의 공급분을 함께 신고하는 1기 예정신고기한, 즉 4월 25일까지 국세청에 신고가 되어야 합니다. 만약 세금계산서에 적힌 날짜가 4월 10일이라면 1기 확정신고기간의 공급가액이므로 클릭한 날짜가 적히지 않도록 주의해야 합니다.

Intensive Course

지연발급, 미발급, 선발급

지연발급

원칙적으로 3월 1일 이후 세금계산서를 발급하면 지연발급입니다. 그나마 월별합계세금계산서로 도망 갈 수 있었던 4월 10일까지 지났다면 세금계산서는 제날짜에 발급되지 못한 것입니다. 그래도 1기 신고 전에만 수습하면 가산세를 감면해줍니다. 가산세는 있지만 매입세액은 공제됩니다.*

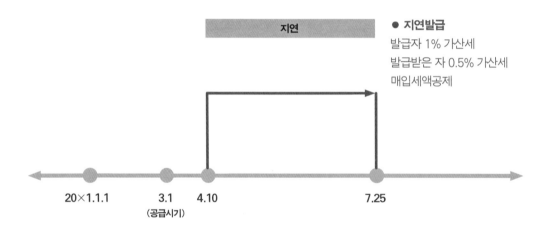

* 예를 들어 4월 11일이 되면 3월 31일 이전의 날짜로 세금계산서를 발행하는 것은 불가능합니다. 전자세금계산서는 적어도 다음 날까지는 전송을 해야 하기 때문에 4월 11일부터는 3월 1일이나 3월 31일 자의 세금계산서를 발행할 수 없습니다. 결국 4월 11일에 3월 1일로 작성연월일이 기록된 세금계산서를 발행하는 경우에는 세금계산서를 늦게 발행한 것으로 보아서 갑과 을 모두에게 가산세를 부과합니다.

미발급

운명의 날인 7월 25일이 지났습니다. 신고가 끝나버렸습니다. 이제 수습할 수 있는 방법이라고는 국세청에 가서 내가 잘못했다고 별도의 신고를 하는 것뿐입니다. 더 낸 세금을 돌려받기 위해서는 경정청구를 해야 하고, 세금을 더 내기 위해서는 수정신고를 해야 합니다. 가산세도 상당합니다.

국세청도 답답하겠지만 큰 문제가 하나 있습니다. 정당한 세금계산서가 있어야 매입세액을 공제받을 수 있는데 '을'의 문제로 '갑'이 매입세액공제를 못 받게 되어버린 것입니다. 국가 입장에서는 늦더라도 세금계산서를 발행해서 부가가치세도 내고 매출도 도출되는 편이 좋습니다. 그래서 매출자의 가산세는 줄여주지 않지만 신고기한 종료 후 상당한 기간 안에만 세금계산서가 발행되면 매입세액은 공제되도록 정책을 만들었습니다.

선발급

예전 세법에서는 공급시기 전에 세금계산서를 발급받는 것을 원칙적으로 강하게 금지하는 제도를 운영했습니다. 물건을 사겠다는 갑이 물건도 안 받은 상태에서 세금계산서를 발급하도록 강요할 경우, 물건을 파는 을은 돈 한 푼 못 받고 판매대금의 10%를 국가에 납부해야 하는 부담을 질 뿐 아니라 갑이 도주라도 한다면 세금을 돌려받는 데에도 상당한 시일이 소요되기 때문이었습니다.

물론 공급시기 전이라도 대금을 지급한 경우에는 규제할 이유가 없으므로 이에 대해서는 전혀 규제를 하지 않았습니다.

시간이 흘러 거래가 복잡해지고 공급이 약정과 다르게 지연되는 상황이 많이 발생하면서, 선발급 세금계산서를 무조건 인정하지 않는 건 여러 부작용을 불러왔습니다. 그래서 지금은 선발급 세금계산서라도 일정한 요건을 충족하면 인정을 해주는 방향으로 개정되고 있습니다.

국세청의
공격 포인트

엄격한
형식주의,
세금계산서
시비 걸기

세금계산서
발행·수취는
기계적으로!

납세자에게 엄격한 형식을
준수할 것을 요구

부가가치세는 엄격한 형식주의를 채택하고 있습니다. 그 때문에 납세자 입장에서는 이해하기 힘든 일도 자주 벌어집니다. 예를 들어 세금계산서를 제대로 발행했고 세금도 제대로 냈는데 국세청이 문제를 삼는 경우가 있습니다.

언론에 따르면, 이베이코리아가 거래처로부터 세금계산서를 받았는데 A 사업장으로 발부되어야 하는 세금계산서가 B 사업장으로 발부되었습니다. 그래서 매입세액이 공제되지 않았다고 합니다.

앞에서 살펴본 바와 같이 부가가치세는 사업장을 중심으로 세액을 계산합니다. 부가가치세는 1977년에 국내에 도입됐고, 기본적으로는 물건이 판매될 때 물건 가격의 10%를 세금으로 내는 구조였습니다. 따라서 판매가 되는 곳을 직접적으로 통제할 필요가 있었죠. 쉽게 말해, 물건이 판매되는 곳에서 지켜보고 있다가 물건이 판매되었는데도 세금을 안 내면 혼내주는 방식이었습니다.

그래서 머리가 아프게도 꽤 많은 회사가 여러 사업자등록번호를 갖게 된 것입니다. 문제는 국세청이 이들 하나하나를 독립된 주체로 파악하다 보니 A라는 번호로 발행되어야 하는 세금계산서가 B로 발행되면 사실과 다른 세금계산서로 간주해서 매입세액을 불공제하는 등의 불이익을 준다는 사실입니다

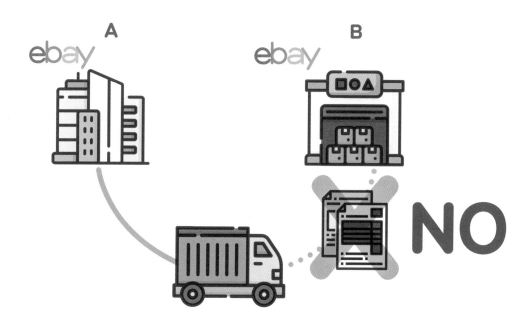

NO

낼 세금 다 내도
형식요건 틀리면 과세

신세계에 임대용 건물을 제공하고 별도의 사업장신고를 하지 않고 본사에서 함께 신고한 회사에 대해 국세청은 신고 자체를 안 한 것으로 보아 가산세를 부과하기도 했습니다.

회사는 거세게 항변했습니다. '내가 임대계약서 등 온갖 서류를 냈다. 어떤 백화점에 얼마 동안 임대를 했는지, 주소가 어딘지도 다 적어서 냈다. 심지어는 세금도 한 푼 빼먹지 않고 다 냈다. 그런데 신고 자체가 안 된 것으로 간주해서 세금을 부과하는 건 너무한 것 아니냐? 더구나 한 해도 아니고 5년 동안 놓고 있다가 간단하게 서류만 확인해도 알 수 있는 사항을 이제 와서 과세하는 건 직무유기 아니냐?'라고 말이죠.

과세관청은 사전에 확인할 의무가 없다

법원은 이 사안에 대해서 국세청은 확인할 의무가 없다고 판단했습니다. 국세청은 신고를 받는 곳이지 그 신고의 내용이 타당한지 검증하거나 오류가 발생했을 경우 검증해서 통보해줄 의무가 없다고 본 것입니다. 그 많은 서류를 일일이 따져볼 수는 없는 일이니 이 부분은 어느 정도 이해되는 면이 있습니다.

그런데 놀라운 것은 누가 봐도 탈세 의도가 없이 낼 세금을 모두 낸 이 건에 대해 회사가 잘못했으니 부과된 세금을 모두 내라고 판단했다는 것입니다. 앞에서 살펴본 이베이코리아와 마찬가지로 부가가치세가 얼마나 엄격한 형식주의를 채택하고 있는지 알 수 있는 사례입니다.

회사생활을 하다 보면 세금계산서를 습관적으로 발행하게 됩니다. 특히 예전과 다르게 요즘은 현업에서 알아서 세금계산서를 발행하는 일이 잦다 보니 회사명만 보고 잘못된 사업자등록번호로 발행하는 경우가 제법 많습니다. 내가 실수를 했을 뿐 세금은 정당하게 모두 냈으니 문제가 없다고 생각하는 사람이 많은데, 보다시피 간단한 번호 하나만 틀려도 국세청은 가혹한 세금을 부과합니다.

심지어는 국세청에 제출한 서류로 충분히 확인할 수 있는 자료가 있는 경우에도 문제가 됩니다. 법원의 판단에 따르자면, 국세청은 제출된 서류를 미리 확인해서 적절하게 과세할 의무가 없으니까요.

부가가치세 착각 1: 부가가치세 업무는 할수록 쉬워진다

직장인들은 부가가치세 업무를 하면서 두 가지 신화를 만나게 됩니다.

첫 번째 신화는 부가가치세 업무는 하면 할수록 잘하게 된다, 쉬워진다는 것입니다.

뭐든 하다 보면 실력이 늘고 잘하게 되죠. 처음에 세금계산서를 발행하라고 하면 겁부터 납니다. 국세청에서 메일이 날아와 놀라서 열어보니 전자세금계산서입니다. 처음에는 당황하고 어떻게 해야 할지 모릅니다. 나는 전문가가 아니니 해당 부서에 물어도 보고 거래처에 전화도 해보고 이렇게 저렇게 힘들게 처리한 후 한숨을 돌립니다.

이런 처리를 여러 번 반복하다 보면 익숙해집니다. 처음에는 무서웠던 일들이 할 만하다고 느껴지죠. 그러다 보면 자신감이 넘치고, 그러다 보면 날짜나 금액 정도는 조정을 하게도 됩니다.

세금계산서에는 거래 상대방이 있습니다. 내가 갑이 되거나 을이 되죠. 내가 갑인 경우에는 우리 회사의 필요에 따라, 내가 을인 경우에는 갑의 상황에 따라 금액이나 시기를 조절해야 할 수도 있습니다.

부가가치세 현실 1: 부가가치세 업무는 할수록 어려워진다

세금계산서는 정한 날짜에 정한 금액으로 발행해야 하는 것으로 알고 있었는데, 동료가 말하기를 날짜는 당사자 간의 합의에 따라서 조절할 수 있다고 합니다. 반신반의하면서 실제로 그렇게 발행해봤는데 문제가 없습니다. 누구도 이의를 제기하지 않습니다. 그러다 보면 자신감이 생깁니다.

이런 익숙함은 용감함으로 넘어가게 되고, 용감함은 의도치 않은 탈세로 이어질 수 있습니다. 부가가치세는 거래 금액의 10%를 매입세액으로 공제받는 것을 전제로 시스템이 설계되어 있습니다. 그런데 이렇게 임의로 수정된 세금계산서를 통해서는 이런 혜택을 못 받게 될 수도 있습니다.

그뿐만 아니라 다른 세금은 소득, 즉 수익에서 비용을 차감한 이익에 일정한 세율을 곱해서 산출합니다. 따라서 번 돈이 없으면 조세 문제는 상대적으로 가볍게 발생합니다. 그렇지만 부가가치세에서는 공급한 가액, 즉 매출액의 일정 비율을 가산세로 부담해야 합니다. 심한 경우에는 3%의 가산세를 부담해야 할 수도 있습니다. 제조 업체들의 평균이익률이 겨우 3% 수준이라는 점을 고려하면 회사의 이익을 전부 날릴 수도 있는 위험한 일을 과감하고 편안하게 하고 있다고 보면 됩니다.

대안:
세금계산서 발행·수취는 기계적으로

요리를 좋아하는 사람들은 대개 자기만의 레시피를 가지고 있습니다. 그렇지 않은 나머지 사람들은 '백종원 미역국'을 검색하죠. 나만의 조리 방법이 없어도 재료별로 정해진 비율을 기계적으로 따르고 시간을 지켜서 조리하면 먹을 만한 음식이 나옵니다. 엄마 레시피가 어려운 이유는 '갖은양념'처럼 모호한 명칭과 때마다 바뀌는 재료, 거기에 '적당하게' 넣으라는 표현 때문입니다. 엄마 레시피보다는 백종원 레시피를 찾는 이유가 이것입니다.

세금계산서는 실무자가 발행합니다. 그중에는 부가가치세법도 모르고, 언제 그리고 어떻게 발행해야 하는지 모르는 사람이 많습니다. 회사는 발행지침과 수령지침을 정해 세금계산서를 기계적으로 발행하고 수령하게 해야 합니다. 제품이 출고되면 즉시 세금계산서를 발행할지 10일 단위나 월 단위로 발행할지 정해주어야 합니다. 예외 상황이 생기면 곧장 확인할 수 있는 지침이나 문의할 수 있는 채널도 정해주어야 하고요. 그래야 사소한 실수로 큰 문제를 초래하는 불상사를 막을 수 있습니다.

세금계산서 업무는
정한 룰에 따라 반복적으로 수행하도록 해야 하며,
꼭 확인해야 하는 요소들도 사전에 정해야 합니다.
계약서가 존재하는 경우
계약서와 세금계산서상의 날짜 및 금액 등이 일치하는지
확인하는 절차 등을 도입할 수도 있을 것입니다.

담당자가 임의로 변경하지 못하도록 시스템을 만들고, 정한 절차에서 벗어나 발행하는 경우에는 반드시 사전에 승인을 받도록 규정을 정비해두어야 합니다.

500ml를 붓고,
끓는 물에 3분간….

갖은양념, 적당하게,
노릇노릇할 때.

국세청의
공격 포인트

납세자
생각과
다른 주장
펼치기

큰 금액 또는 새로운 유형은 반드시 사전에 검토한다!

당근마켓에서 물건 판다고
세금 내겠어?

부가가치세는 사업자가 부담하는 것이 원칙입니다. 재화나 용역을 공급하더라도 사업성이 없으면 과세를 하지 않습니다.

오늘 제가 당근마켓에 물건을 올려 팔았습니다. 물론 부가가치세를 내야 한다는 생각은 전혀 하지 않았죠. 심지어 매일 판매하고 구입하는 사람일지라도 부가가치세가 부과될 위험이 있다고 생각하지는 않을 것으로 봅니다.

그런데 리니지의 아이템을 온라인에서 판매한 개인에 대해 국세청이 사업자로 보아 부가가치세를 부과한 적이 있습니다(대법원2011두30281). 별도의 물리적인 사업장을 두거나 직원을 고용하지도 않았고, 핸드폰으로 온라인 장터에 리니지 아이템을 올려놓고 판매하는 친구였습니다.

당근마켓에서 거래한 저와 이 친구의 차이점이 뭘까요? 법원은 연간 7억 원에 가까운 거래 금액에 주목했습니다. 아마 대부분 사람이 온라인에서 물건을 팔 때 가격에 따라 세금이 바뀐다는 것을 논리적으로 이해하기 어려울 것입니다. 그러나 법원은 국세청과 마찬가지로 당근마켓 거래와 다를 바 없는 거래를 한 개인을 사업자등록도 하지 않고 과세사업을 한 사업자로 보아 과세를 했습니다.

사업자에 대한 법원의 판례들을 보면 '계속적이고 반복적으로 공급하는 경우'에 사업자로 본다는 내용이 있습니다(대법원2003두5754). 그런데 평생 단 1회에 걸쳐서 상가나 건물 등을 건축하고 판매하는 경우도 사업자로 보죠. 앞에서 살펴본 것처럼 엄격한 형식주의 속에서 세금계산서 날짜 하나만 틀려도 난리를 치는 국세청이 정작 과세를 할 때는 '돈을 많이 버는 것'을 기준으로 삼는 셈인데요. 참 모호하다고 할 수밖에 없네요.

손해배상금이면
과세 대상 아니지?

미국 회사의 칫솔을 국내에서 독점 판매하던 A사가 있습니다. 그런데 독점계약이 만료되기 전에 미국 회사가 일방적으로 계약을 해지했습니다. 자사의 국내 지점을 통해 판매하려고 기존 계약을 해지한 것입니다. 당사자 간의 협상을 통해서 재고 중 판매가 불가능한 제품은 폐기하고, A사는 미국 본사로부터 손해배상금을 받았습니다(국심2003서2739).

부가가치세법에 따르면 이런 손해배상금은 과세 대상이 아닙니다. A사는 수령한 손해배상금에 대해서 별도로 부가가치세를 신고하지 않았습니다. 그런데 국세청이 돌연 이 손해배상금에 대해서 과세 결정을 내렸습니다.

제품의 폐기가 국내 지점의 사업을 위해 진행된 것이니 사실상 A사가 국내 지점에 공급한 것으로 보는 게 맞다고 판단한 것입니다. A사는 돈을 본사가 주었으니 영세율이 적용되지 않느냐고 항변했지만 받아들여지지 않았습니다.

세법은 참으로 어렵고 힘듭니다. 일반인들의 기대와 달리 전문가들도 똑같이 어렵다고 느낍니다. 법이 쉽다고 하더라도, 그 법을 적용할 때는 정말 모호한 부분이 많습니다.

부가가치세 착각 2:
전문가에게는 쉬울 것이다

부가가치세에 대한 두 번째 신화는 '전문가는 잘 알 것이다'라는 생각입니다. 그도 그럴 것이 전문가는 특정한 업무를 대신 해주고 돈을 받는 사람이니까요. 그런데 부가가치세는 전문가도 쉽게 대답하지 못하는 영역이 매우 많습니다.

예를 들어보겠습니다. 여기 키보드가 하나 있습니다. 소비자가는 10만 원이고, 판매하는 방식은 다음의 세 가지입니다.

① 5만 원 할인
② 5만 원 장려금 지급
③ 5만 원짜리 마우스 무상 지급

100,000

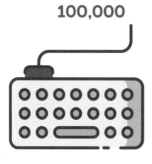

50,000

1. 할인
2. 장려금
3. 마우스

각각의 경우 부가가치세 과세표준은 얼마일까요?

① 매출할인은 차감 항목입니다. 공제를 하면 과세표준은 5만 원입니다.
② 장려금은 무시 항목입니다. 과세표준은 10만 원입니다.*
③ 키보드가 10만 원이고 무상으로 준 마우스도 과세 대상이므로 과세표준은 15만 원입니다.**

---

* 핸드폰 시장에서 예전에 불법 보조금 논쟁이 있었습니다. 판매를 많이 하는 사업자에게 보조금을 많이 주었더니 그 업자들이 보조금을 고객에게 현금으로 지급했고, 이런 업체가 속칭 '성지'로 알려지면서 많은 고객이 몰려들었습니다. 현금 지급은 불법이죠. 어떤 업체는 보조금을 받아서 고객에게 보조배터리나 액정필름 등을 서비스로 주고, 어떤 업체는 한 푼도 주지 않았습니다. 각자의 정책에 따라서 정부 보조금을 다르게 쓸 수 있다는 얘기입니다. 국세청이 상황에 따라 이렇게 차이가 나는 항목을 반영해서 세금을 깎아주기는 어려울 것입니다. 그래서 그냥 10만 원을 기준으로 세금을 계산합니다.

** 마우스를 무상으로 주는 것은 회사의 재량일 수 있으나 세금까지 깎아줄 수는 없다는 것이 국세청의 입장입니다. 회사가 마케팅 비용으로 생각하고 5만 원짜리 마우스를 무상으로 지급할 수는 있으나, 다른 사람은 동일한 마우스를 팔면서 5,000원의 부가가치세를 내므로 이를 면제해줄 필요는 없다고 보는 것입니다.

부가가치세 현실 2:
전문가에게도 어렵다

대충 정리가 되셨나요? 동일한 키보드를 팔았는데 부가가치세는 각각 5,000원, 1만 원, 1만 5,000원이 됩니다. 상황이나 여건, 특히 법률 관계를 어떻게 구성하느냐에 따라서 세금이 달라질 수 있습니다.

이야기를 조금 더 확장해봅시다. 제가 10만 원짜리 키보드를 팔면서 100원짜리 건전지 하나를 무상으로 함께 주었습니다. 이 경우 부가가치세 과세표준은 얼마일까요?

10만 100원이 아니라 10만 원이 됩니다. 세법에서는 부수되는 재화는 본 재화의 대가에 포함되는 것으로 해석하기 때문입니다. 10만 원짜리 키보드에 건전지 가격이 포함되었다고 보는 것입니다.

잠깐! 그러면 아까 5만 원짜리 마우스를 무상으로 지급한 것도 하나의 세트였다고 볼 수 있는 것 아닌가요? 금액이 너무 크다고요? 그렇다면 1만 원짜리 USB는 어떻습니까? 그것도 따로 계산해야 할 것 같다고요? 그럼 5,000원짜리 마우스패드는요?

한마디로, 모호하다는 말씀을 드리고 싶은 겁니다.

두 가지는 이론적으로 구분할 수 있습니다. 독립된 재화를 무상으로 공급하는 경우에는 납세자의 판단에 따라서 부가가치세를 탈루할 수 있으니, 시가를 기준으로 부가가치세를 납부하라는 의미에서 이해가 되죠. 그리고 건전지는 금액도 미미하고 키보드의 가격으로 대부분을 해결할 수 있으니, 세금을 계산할 때 별도로 고려하지 않아도 된다는 것 역시 이해는 됩니다. 그렇지만 어디까지 되고, 어디까지 안 되는지 모호하다고 말할 수밖에 없습니다.

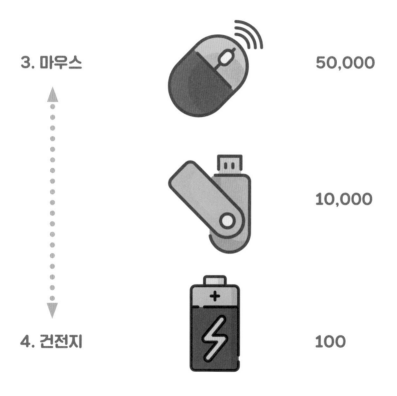

3. 마우스   50,000

10,000

4. 건전지   100

대안: 새로운 유형이나 거래 금액이 큰 경우에는 반드시 사전 검토를 받자

여기서 또 한 번 "그럼 어쩌라고?"라는 말이 절로 나오죠. 당신의 회사에도 어쩌면 부가가치세를 잘 아는 사람이 있을지 모릅니다. 혹 회사엔 없더라도 당신 주위에는 도움을 주고 돈을 벌고 싶어 하는 외부 전문가들로 가득합니다.

　세상에서 가장 무서운 신입은 아무 말도 하지 않고 혼자 고민하다가 큰 사고를 치는 친구입니다. 당신이 대표가 아닌 이상 회사에는 상급자가 있죠. 당신의 결정이 그들에게 직접적인 영향을 미칩니다. 회사의 룰이 있다면 그 룰을 따르면 되고, 룰이 없으면 지시를 받으면 됩니다.

　세금도 동일합니다. 새로운 유형 또는 금액이 큰 거래는 일반적으로 해오던 거래보다 위험이 큽니다. 따라서 적절하게 보고하고 승인을 받는 것이 중요합니다. 특히 과세관청의 놀부 같은 과세 태도는 전문가라고 해서 피할 수 있는 게 아니기에 내부에서의 관점 외에 외부의 관점을 공유하는 것도 꼭 필요합니다.

　다시 한번 강조하지만, 새로운 유형이나 금액이 큰 거래가 발생할 때는 사전에 내부 또는 외부 전문가들에게 문의하면 됩니다. 외부 전문가들의 범위에는 국세청도 포함됩니다. 국세청은 여러 채널을 통해서 납세자에게 정보를 제공하고 있습니다. 특정한 답을 원하는 게 아니고 단순히 맞는지 틀리는지가 궁금하다면, 국세청에서 답변을 얻는 것이 가장 확실한 방법입니다.

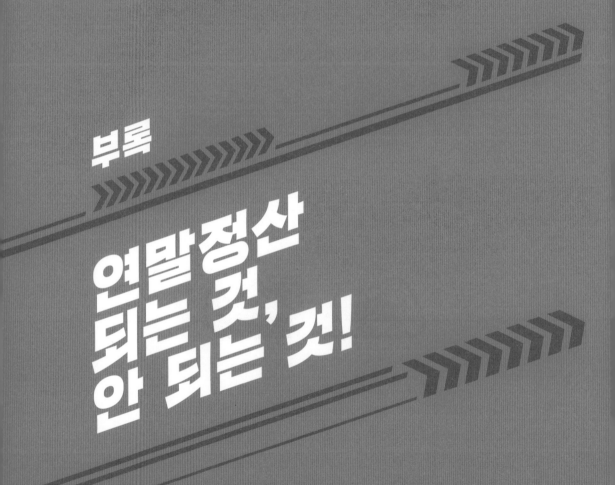

부록

연말정산
되는 것,
안 되는'것!

예전과 달리 연말정산을 준비하는 분들이 많이 늘었습니다. 기본적인 정보는 유튜브나 블로그에 넘치니, 자주 발생하는 모호한 문제들을 정리해보고자 합니다. 결국 연말정산에 대해서 대부분 사람이 궁금해하는 건 '세금을 내느냐, 내지 않느냐' 하는 부분 아니겠습니까? 그래서 주요 공제 중 되는 것과 안 되는 것을 구분해서 살펴볼까 합니다.

물론 오해해서는 안 되는 부분이 있습니다. 법과 현실 간에 차이가 있을 수 있다는 점입니다. 제가 "신호등 빨간불에서 도로를 무단 횡단하면 안 됩니다"라고 말씀을 드렸는데, "저는 이제까지 신호를 지켜본 적이 없지만 문제가 전혀 없었습니다"라고 말씀하시면 곤란합니다.

제가 다루는 건 세법입니다. 세법은 규정이고, 규제하는 기관이 따로 있습니다. 경찰관이 모든 도로에 나와서 규제할 순 없으니 운 좋게 신호 위반을 걸리지 않았을 수도 있지만, 그동안 괜찮았다고 해서 앞으로도 괜찮을 것으로 생각하면 안 됩니다. 이제는 많은 도로에 CCTV와 과속 방지 카메라가 설치됐으니까요. 그와 마찬가지로, 세법을 규제하는 기관인 국세청에서도 전산 시스템을 구축해 예전보다 훨씬 세밀하게 부정을 적발하고 있습니다.

예를 들면 예전에는 형제자매들이 부양가족 공제에 부모님을 저마다 올리기도 했습니다. 연말정산 서류를 수기로 검증하다 보니 제대로 걸러지지 않았던 거죠. 하지만 지금은 상상조차 하기 어려운 일입니다. 모든 자료가 전산으로 처리되니 요행을 바랄 수 없게 된 겁니다. 그동안 빨간불인데도 도로를 건넜던 사람이라면, 지금까진 운이 좋았지만 앞으로는 그러지 않을 거라는 점을 확실히 염두에 두셨으면 좋겠습니다.

1. 세금 내는 근로소득

세금 안 내는 소득	세금 내는 소득
• 일직료, 숙직료(사규 등 지급규정에 따른 업무 수행 관련 경비로 사회 통념상 타당한 금액)	• 그 외
• 출장비(사규 등 지급규정에 따른 업무 수행 관련 경비로 사회 통념상 타당한 금액)	• 그 외
• 자가운전 보조금(월 20만 원 이내) • 회사에서 제공한 차량 • 회사에서 제공한 주차장	• 야간근무 직원 차비 보조금 • 출퇴근 보조비
• 해외 근무자의 본국 귀국 여비	• 관광여행비, 근로자 가족여행비
• 작업복, 작업모, 작업화	• 회사 마크 없는 외출 가능한 일반 피복
• 연구보조비나 활동비 등 특정 수당(월 20만 원 이내)	• 수당 성격의 급여(자가운전비, 효도휴가비, 통근비, 월동 보조금 등)
• 사내 급식 • 식권(계약을 체결하고 사용자가 교부하며, 현금으로 환금이 불가능한 것) • 일정 금액 이내의 식대 • 급식수당을 지급받는 근로자가 야간근무 등 시간외 근무를 하는 경우에 별도로 받는 식사대	• 식사와 식사대를 동시 제공하면 식사대는 원칙적으로 과세
• 근로자나 배우자의 출산 또는 6세 이하 자녀 보육과 관련하여 규정에 따라 제공된 월 10만 원 이내의 금액 • 맞벌이 부부가 자녀 1명에 대해 받는 각각 월 10만 원 이내의 금액	• 6세 이하의 자녀가 2명 이상이어도 근로자당 월 10만 원까지만 공제 • 분기마다 30만 원씩 지급한 경우, 지급하는 달에만 10만 원 이내 금액에 한해 비과세
• 산업안전보건법에 따른 건강진단비	• 사용자로부터 지급받는 의료비 보조금 • 의료법인이 임직원에게 경감한 금액

• 지급규정에 따라 지급받은 업무 관련 교육비	• 사설 어학원 수강비 • 자녀 학자금 • 퇴직 후 지급
• 상시 주거용 사택 – 해외 소재 주택 포함 – 회사가 임차한 주택 포함 – 외국인 근로자 대상 주택 포함 – 주주 또는 출자자가 아닌 임원의 주택 포함 　(소액주주는 가능)	• 상시 주거용 이외 경비 – 호텔, 레지던스 호텔 – 주거지원비
• 업무 관련 통신비	• 휴대폰 구입 보조금 • 개인적인 사용분
• 사회 통념상 타당하다고 인정되는 범위 내의 경조금(회사의 지급 능력, 직원의 직위와 연봉 등을 종합적으로 고려)	• 그 외 – 설날, 근로자의 날, 창립기념일, 추석, 연말 및 근로자의 생일에 지급받는 선물 – 결혼기념일 축하금 – 자녀 출생 축하금 중 10만 원 초과분 – 출산한 종업원에게 급여 보조 수당으로 지급되는 출산 보조금
• 근무 부서별로 지급된 포상금을 부서에서 회식비 등으로 지출하고 증빙을 첨부하여 회사에 제출하는 경우	• 회사로부터 받는 공로금, 위로금, 개업축하금 • 업무 실적 우수 근로자에 대한 포상금, 해외 여행 경비 지원금, 부서별 포상금을 직원별로 배분한 경우 그 금액
	• 체력단련비
	• 소득세 대납액
	• 개인별로 지급된 포인트 등 선택적 복지제도
• 제대 군인 지원에 관한 법률에 따른 전직 지원금	• 전직 지원금

회사에서 받는 월급과 그 밖의 부수적인 것들에 대해서는 모두 세금을 내야 하지만, 법령에 열거된 항목이나 복리후생비 성격의 경우에는 모호하다고 말씀드렸죠. 세법에 따르면, 회사에서 숙직을 하고 숙직료를 받은 경우 비과세가 원칙입니다. 그런데 괄호 안에 '사회 통념상 타당한 금액'이라는 문구는 도대체 왜 들어간 것일까요?

예전에 회사 직원의 월급 30% 정도를 숙직료로 처리하면 비과세가 되는 것인지를 물어보신 분이 있습니다. 될까요? 된다면 90% 정도로 하지 왜 30%로 합니까? 조금 부담스럽나요? 그럼 5%는 어떻습니까?

국세청이 한 병원을 세무조사한 적이 있습니다. 그 병원은 야간 순환근무를 하는 팀(의사 2명, 간호사 2명)에게 당직비로 10만 원을 주었는데, 국세청은 실비변상적인 급여로 보지 않고 과세했습니다(국심1999서2765). 4명이 10만 원 받은 것도 불인정이라니 너무하다는 생각이 드실 겁니다.

국세청은 비과세되는 숙직료, 여비 등으로서 실비변상 정도의 금액이라 함은 '회사의 사규 등에 의하여 그 지급기준 등이 정하여져 있고 사회 통념상 타당하다고 인정되는 범위 내에서의 지급액을 말하는 것'으로 해석하고 있습니다(국세청예규 46011-2841). 그 병원에 의사뿐만이 아니라 대부분 직원이 당직비를 수령했고, 사규 등에 따른 근거가 없다는 점을 문제 삼아서 과세를 한 것입니다.

세법은 늘 이런 식입니다. 국세청이 문제 삼는 부분을 이해하면 세금을 피할 길도 보입니다. 만약 그 병원이 당직을 선 사람들에게만 규정에 따라 지급했다면 국세청이 과세하기는 어려웠을 것입니다.

2. 소득공제

기본공제 가능	기본공제 불가능
올해 혼인신고한 배우자	결혼식만 하고 혼인신고 안 한 배우자
	작년에 이혼한 배우자
올해 사망한 배우자	작년에 사망한 배우자
배우자의 직계존속(장인, 장모, 시아버지, 시어머니)	
올해 사망한 직계존속	작년에 사망한 직계존속
새아버지(모와 법률혼)	새어머니(부와 사실혼)
사망한 아버지와 법률혼 관계였던 새어머니	사망한 어머니와 사실혼 관계였던 새아버지
부와 이혼 후 재혼한 생모	
양부모와 친부모	
배우자의 생모	
배우자가 사망했지만 거주자가 계속 부양하는 배우자의 직계존속	
배우자 사망으로 거주자가 재혼한 경우 재혼한 배우자의 직계존속	배우자의 사망으로 거주자가 재혼한 경우 사망한 배우자의 직계존속
올해 사망한 손자녀	작년에 사망한 직계비속, 손자녀
올해 중 출생은 했으나 출생신고를 안 한 자녀	연말이 지나고 새해에 출생한 자녀

올해 중 출생하여 사망했으나 출생신고 및 사망신고를 하지 않은 자녀	연말이 지나고 새해에 출생한 입양한 자녀
혼인 외 자로 가족관계등록부에 등록한 자녀	혼인 외 자로 가족관계등록부에 등록 안 한 자녀
거주자의 배우자가 거주자와 재혼(법률혼)한 경우로 배우자가 종전 배우자와 혼인(법률혼) 중 출산한 자녀	거주자의 배우자가 거주자와 재혼(사실혼)한 경우로 배우자가 종전 배우자와 혼인(법률혼) 중 출산한 자녀
	거주자의 배우자가 거주자와 재혼(법률혼)한 경우로 배우자가 종전 배우자와 혼인(사실혼) 중 출산한 자녀
이혼으로 자녀에 대한 친권을 배우자가 행사하기로 하면서 양육비를 지급하는 미성년자	
장애인 자녀의 장애인 배우자	자녀의 배우자
배우자의 형제자매	본인, 배우자 형제자매의 배우자

거주 요건

기본공제 가능	기본공제 불가능
국내에 거주하는 외국인이 부양 중인 본국 거주 비거주자인 직계존속, 배우자	해외에 거주하는 직계존속
	동거하지 않는 거주자의 배우자를 다른 가족이 공제받는 경우

소득 요건

기본공제 가능	기본공제 불가능
	퇴사하면서 퇴직금 300만 원 수령
알바로 연 1,000만 원 수령(일용근로 원천징수)	알바로 연 600만 원 수령(간이세액 원천징수)
이자배당소득 1,000만 원	
복권당첨금 20억 원	
아버지가 논·밭농사로 올린 연 4,000만 원 매출	

인적공제의 핵심은 법률관계와 사실의 판단

1. 법률관계 중심

아버님이 재혼하셔서 새어머님이 계시고 내가 부양을 한다면, 세법상으로 당연하게 혜택을 받아야 할 것입니다. 그런데 세법은 혼인신고가 되었는지를 확인합니다. 현실적으로 이 여성분이 아버님과 어떤 관계인지 입증하기에 가장 쉬운 방법이 호적이기 때문입니다. 그래서 법률상의 새어머님은 공제를 받을 수 있지만 혼인신고를 하지 않은 새어머님은 공제를 받을 수 없다고 보면 됩니다. 결혼식만 올리고 아직 혼인신고를 하지 않은 배우자도 동일합니다.

세상에는 참 안타까운 일들이 많습니다. 친부모님을 잃어버리고 양부모님께 양육을 받고 자라 지금 양부모님을 모시고 사는데 생모를 찾게 되었습니다. 이런 생모를 모신다면 공제를 해주어야 할까요? 법상에서는 그게 간단한 문제가 아닙니다. 혼인신고는 서류 한 장만 내면 되지만 생모임을 입증하려면 그보다 훨씬 번거로운 절차를 거쳐야 합니다. 생물학적으로 친자확인을 받아 객관적으로 공제의 근거를 제시해야 합니다. 그런 절차를 감수한 사람에게 인적공제를 인정해주는 예외적 사례로 보면 될 것입니다.

2. 연도 말 기준

예를 들어 20×1년에 대해서 연말정산을 한다면 20×1년 12월 31일을 기준으로 모든 것을 생각합니다. 20×1년 12월 30일에 이혼을 했다면 배우자 공제는 받을 수가 없습니다. 다른 사람이 받을 수도 있기 때문입니다.

20×2년 1월 1일에 아이가 탄생했다면 20×2년도에 하는 연말정산이 아니라 20×3년도에 반영합니다. 20×2년도에 하는 연말정산은 20×1년도분이기 때문입니다.

3. 세액공제 - 보험료, 의료비, 교육비, 월세

보험료

세액공제 가능	세액공제 불가능
맞벌이를 하고 있는 남편이 본인이 사고가 날 때 보험료가 나오는 보험을 계약하고 보험료를 본인이 공제받는 경우	맞벌이를 하고 있는 남편이 아내가 사고가 날 때 보험료가 나오는 보험을 계약하고 보험료를 남편이 공제받는 경우
	피보험자가 태어나지 않은 태아인 보험료
	퇴사 후 지출한 보험료
연도 중 해지한 경우 해지 시점까지 납입한 보험료	납부하지 않은 보험료
선납보험료	
보장성 보험료를 사용자가 지급하여주는 경우 (소득세는 부과함)	

의료비

세액공제 가능	세액공제 불가능
	형수 의료비를 본인이 부담한 경우
	해외에 거주 중인 아버지(재외국민)가 치료를 위해 일시 귀국해서 국내 병원에서 치료받은 비용을 본인이 부담한 경우
20세 초과 자녀 의료비를 본인과 배우자가 나누어 부담한 경우 본인 부담분 의료비 신청 시	20세 초과 자녀 의료비를 본인과 배우자가 나누어 부담한 경우 배우자 부담분 의료비

맞벌이 부부의 배우자 의료비를 본인이 부담한 경우	배우자가 기본공제 받은 미성년 자녀 의료비를 본인이 신청한 경우
	간병인에게 지급하는 간병비
의료기관에서 의료비와 청구한 식대	미용성형수술
라식수술비, 정신적 고통에 대한 치료 목적의 흉터 제거 수술비	치료 목적 등이 아닌 진단서 발급 비용
진료, 예방 목적으로 지급된 MRI 촬영비	임신중절 수술 비용
초음파, 양수검사비 등 출산 관련 분만 비용	산후도우미 가정 지출 비용, 유산 후 산후조리원 비용, 해외에서 출산하고 해외에서 지출한 산후 조리 비용
총급여 7,000만 원 이하 근로자의 산후조리원 비용	언어재활을 위한 사설학원 비용, 특수교육원비, 응급환자 이송 비용
	외국 소재 대학병원에 지급한 의료비

교육비

세액공제 가능	세액공제 불가능
유치원 종일반	스쿨버스 이용료, 기숙사비
초등학생 영재교육원 수업료	퇴직 후 지급받은 전직 연수비
학교 운영 지원비, 기성회비	
예체능학교 실기 지도비	
대학교 계절학기 수업료	
급식비	

수업료, 특별활동비	
도서구입비	
초중고 현장체험학습비 1인당 30만 원 이내	취학 전 아동 현장체험학습비
중고생 교복 1인당 연 50만 원 이내	

소득세, 법인세, 부가가치세를 한번에 마스터하는
세금 QUICK 가이드

초판 1쇄 발행 2022년 12월 1일
초판 2쇄 발행 2023년 8월 1일

지은이 유흥관
펴낸이 김선식

경영총괄 김은영
편집인 박경순
유영편집팀 문해림
편집관리팀 조세현, 백설희 **저작권팀** 한승빈, 이슬
마케팅본부장 권장규 **마케팅3팀** 권오권, 배한진
미디어홍보본부장 정명찬
브랜드관리팀 안지혜, 오수미, 문윤정, 이예주
크리에이티브팀 임유나, 박지수, 변승주, 장세진, 김화정
뉴미디어팀 김민정, 이지은, 홍수경, 서가을
지식교양팀 이수인, 염아라, 김혜원, 석찬미, 백지은
영상디자인파트 송현석, 박장미, 김은지, 이소영
재무관리팀 하미선, 윤이경, 김재경, 이보람
인사총무팀 강미숙, 김혜진, 지석배, 박예찬, 황종원
제작관리팀 이소현, 최완규, 이지우, 김소영, 김진경, 양지환
물류관리팀 김형기, 김선진, 한유현, 전태환, 전태연, 양문현, 최창우
외부스태프 교정교열 공순례 **디자인** 희림

펴낸곳 다산북스 **출판등록** 2005년 12월 23일 제313-2005-00277호
주소 경기도 파주시 회동길 490
전화 02-704-1724
홈페이지 www.dasanbooks.com
이메일 kspark@dasanimprint.com
인쇄 민언프린텍 **제본** 다온바인텍 **후가공** 제이오엘앤피

ISBN 979-11-306-9522-8 (03320)